受験合格は暗記が10割

林 尚弘

GENTOSHA

JN229699

まえがき

今使っている参考書、どのくらい覚えてる？

「こんなに勉強しているのに、偏差値が40以上にならない」
「一生懸命やっても、模試の結果がE判定ばかり……」

私が運営する武田塾には、成績が伸び悩む生徒が大勢駆け込んできます。
彼らは、サボっているわけでも、努力していないわけでもありません。
でも、**何をやっても成績が上がらず苦しんでいる**のです。

そんなとき、私がまずやってもらうのが、すでにやったことがある問題を、もう一度解いてもらうことです。

使うのは、学校の英文法のテキストでも、数学の参考書でも、何でもかまいません。

基礎的なものであればあるほど、いいでしょう。

本人が「このくらい、とっくにマスターしている」と思っているものがあれば、それをあえて選びます。

本書を手に取ったあなたも、「なかなか思うように成績が上がらない……」と悩むのであれば、一度試してみてください。

そして、実際に問題を解いてみてもらった結果はどうか。

驚いたことに、**本人が「すでに学び終わった」「身についた」と思っている参考書にもかかわらず、ほとんどの生徒が半分も正解できない**のです。

なかには、わずか2〜3割の問題しか正解できない生徒も大勢います。

いったいどうして、こんなことが起こるのでしょうか。

参考書を読んだときは、なぜそうなるのか理解した。

そして、問題をやってみても解けた。

だから、身についたと思った。


しかし、**人間は「忘れる生きもの」**です。

もしあなたが、1カ月前に観たホラー映画の内容をいつまでも覚えていたら、暗い気持ちが続くかもしれません。

また、目に入るものすべてが記憶の対象になったら、脳はパンクしてしまいます。

そもそも人間は、忘れるようにできている。

このことを知った上で、効率的に「暗記」をしなければなりません。

多くの生徒は、必要なことをしっかり「暗記」していないから、テストで正解することが難しいのです。

記憶できていないから、いざ、学んだことが必要とされる大事な試験のときに思い出すことができずに、成績が上がらないのです。

●勉強は「暗記したかどうか」がすべて

私は、**勉強とは、「知識の暗記」に尽きる**と考えています。

その知識が教科によって変わるだけです。

英単語や歴史の年表、数学の解法、そして正解へのプロセスなどを暗記することが「勉強する」ということです。

「それなら、学校や予備校の授業は勉強ではないのか」と思う人もいるかもしれません。

私は、授業とは「学ぶ内容を理解しやすくするもの」であり、さらに「暗記をしやすくするためのもの」だと考えます。

だから残念なことに、授業を受けただけでは暗記が不十分で、点数につながらない生徒がたくさんいるのです。


「勉強する」ということは、知識を身につけ、使いこなせるようになること。

これは**大学受験に限らず、社会人になってからの資格取得なども同じ**ことです。

必要なことを暗記せずには、問題は解けるようにならないし、大事な場面で応用することもできません。


参考書を読んで理解した気になる。

授業を聞いてわかったと思う。

ノートに赤ペンを引いて満足する。

このように、わかった気になって「暗記」をしていないから、合格というゴールになかなかたどり着けないのです。

●「武田塾式暗記術」で合格を手に入れよう

「暗記のやり方」は、学校や予備校では教えてくれません。

なぜなら、学校の先生や予備校の講師は、自分たちの役目は「教えること」であり、「覚えるのは生徒が自分でやること」だと考えているからです。

また、学校の先生や予備校の講師になろうとする人のほとんどは、もともと勉強ができる生徒です。誰かに教わらなくても、出てきた単語などを覚え、授業で習ったことも復習しながら、自分のものにしていくことができるタイプです。

自分でも気づかぬうちに、効率的な暗記法を実践し、難なく授業についていくことができます。

だから、生徒の「覚えられない」という気持ちがわからないのです。

そして、**まさか暗記法を教えるだけで、こんなにも多くの生徒の学力が伸びるとは、夢にも思っていない**のです。

ごく一部のできる生徒は、暗記法を教わらなくてもいいでしょう。

自分で覚え方を見つけ、知識が身につくまで繰り返して、どんどん実力をアップします。

しかし、大多数の受験生は、そうではありません。

暗記法を知らないだけで、「一生懸命やっているのに、思うように成績が上がらない」と悩み、「自分の実力はこんなものか」と、**あきらめざるを得ない状況に追い込まれている**のです。

実は私もそうでした。

私は、高校1年生のときから、週に3回予備校に通い、英語、数学、国語と、誰よりも多くの授業を受けていました。

夏休みは夏期講習に通い、勉強漬けの日々を送っていたのにもかかわらず、2

学期に入って行なわれた実力テストでは、なんと数学が0点、国語が5点と、学年でずば抜けてビリだったのです。

そのときから、「もっとがんばらなければ」と、がむしゃらに勉強する日が続きます。

しかし、**最も根本的な暗記法を知らずに、やみくもに勉強するのは、穴の開いたバケツに水をどんどん注いでいるようなもの**です。

貴重な時間がムダに過ぎるばかりで、結局、初めての受験は全滅して浪人することになりました。

最終的に私は、浪人中に同じようなやり方をしている仲間との出会いで、現在の「武田塾式暗記術」の基礎を見つけ出し、翌年、学習院大学に無事合格します。

私は、こうした自分の体験から、多くの受験生に「私と同じ回り道をしてほしくない」と心の底から思っています。

「自分はダメだ」「勉強ができない」と思っている生徒は、**単に暗記法を知らないだけ**なのです。

武田塾の暗記法をマスターすれば、

- 高卒認定から慶應義塾大学環境情報学部に合格
- 高校設立以来、初めて京都大学医学部に合格
- 偏差値37から1年で早稲田大学教育学部に合格

などの逆転合格が可能になります。こうした合格者は、数多くのあきらめかけていた受験生のほんの一部です。

正しい暗記法を身につければ、「無理だ」と言われた大学に合格することも、

決して手が届かない夢ではないのです。

また、この暗記法は、大学入試に役立つだけではありません。その後の人生のあらゆる場面、たとえば、大学の授業や社会人になってからの資格取得などにも役立ちます。

あなたの人生の大きな宝となるはずです。

どうせ勉強するなら**効率的に、そして確実に身につくやり方**でしましょう。

そして、「武田塾式暗記術」で、受験とその先にある将来を、やりたいことを叶える、明るいものにしていきましょう。

受験合格は暗記が10割　目次

第2章 基本中の基本、英単語の暗記
～「単語系」参考書～

第3章

「なぜその答えになるのか？」を説明できるようにする

～「文法系」参考書～

第4章

数学は「解ける」「わかる」「思いつく」の3ステップ

～「数学・理科系」参考書～

第5章

「読むため」ではなく「解くため」に覚えよう

～「文章読解系」参考書～

第6章
辞書代わりに使って理解を深める
～「講義系」参考書～

第7章
「武田塾式暗記術」で、これだけの期間でここまで伸びる！

装幀●山家由希
装画●りょう
本文イラスト●亀山鶴子
編集協力●天才工場　吉田 浩
塩尻朋子
DTP●美創

第1章

合格への
最大のポイント、
それは「暗記法」

90分で100個の英単語を覚えられる？

「武田塾式暗記術」のすごさを、まず実際に体験してみてください。

ここでご紹介するやり方で、誰でも**90分で、確実に100個の英単語**が覚えられます。

こう言うと「まさか？」「そんなことできるわけないよ」「ほんとうにできるのは数人でしょう」と反論されます。

学校ではよく、「1週間で英単語を50個覚えてくるように」という宿題が出されます。

ところが武田塾では、入塾した生徒には全員、1日で100個、つまり、学校で出される数の2倍の英単語を、たった1日で覚えてもらいます。

実は、武田塾では、100個は最低限の数。ペースが早い生徒だと、この2倍以上覚える生徒もいるのです。

これだけの数の英単語を「1日で覚えられる?」と聞くと、たいていの生徒は「いや、難しいです」「100個は厳しいです」と言います。

しかし、武田塾の生徒は、ほんとうに全員、1日で100個の英単語を覚えます。

それも、早い生徒で60分、遅い生徒でも90分ほどあれば覚えてしまいます。

これは、**今通っている学校がどこであろうと、偏差値がいくつであろうと関係ない**のです。

実際に英単語を100個覚えてみよう

では実際に、英単語100個、暗記してみましょう。

まず、ノートを用意します。
そして、ページの中心に縦線を引き、1ページを2つに分けます。
参考書などを参照し、左側に覚えたい英単語を、右側に日本語訳を書いていきます。

1単語につき、**一つの訳でOK**です。ただし、「dog／犬」「desk／机」のように誰でも知っている単語は使わずに、これまでに覚えていない単語を選んでください。

①100個の英単語を10個ずつのブロックに分け、10個のブロックをつくる

そして、最初の10個を暗記してください。

10個全部が、**英単語を見たらすぐに日本語訳がすらすらと口をついて出るように、完璧に暗記**します。

単語10個であれば、平均して5分で覚えられるでしょう。

「えっ、そんなに短い時間で?」と、思うかもしれません。

でも、実際にやってみると、さほど長い時間を必要としないことに気づくはずです。

②10個覚えたら、10個全部をまとめてテストする

日本語訳が書いてある部分を隠して、英単語だけを見たときに、ちゃんと日本語訳がすぐに思い出せるかどうかを確認します。

「覚えた」と思っていても、ここでたいてい、3～4個は間違うはずです。そこで、間違った単語だけを繰り返して、覚え直します。

ここがとても重要なポイントです。

テストでできなかった単語があるとき、日本語訳の答えを見て、「あ、これはそういう訳だったな」と確認して終わりにする人がたくさんいますが、それでは暗記とは言えません。

日本語訳を隠して、**ちゃんとその訳がすらすら出てくるようになって、初めて「覚えた」と言える**のです。

ですから、答えがすらすら出てくるまで、きちんと覚え直しをして、「覚えられたな」と思ったら、初めてその単語をテストします。

そして、そのテストでできなかった単語だけをまた繰り返すのです。

こうして、10個全部が、英単語を見てすぐに日本語訳が言えるようになるまで、テストをします。

③2つ目のブロックの10個に進み、同じ要領で暗記する

そのまま、3つ目、4つ目、5つ目のブロックに進み、50個の単語を覚えます。

④50個終了したところで、これまでに暗記した単語が、どれだけ記憶として定着しているか再確認する

それまでに覚えた50個を、まとめてテストしてみましょう。

「10個ずつ完璧にしてきた」と思っても、**50個のうち10個程度は間違えるはず**です。間違った単語を再度覚え直し、50個の暗記を完璧にします。

この50個までの総復習で、10分ほど時間が必要になるでしょう。

さあ、100個のうちの50個は、こうして完璧に覚えました。

⑤残りの50個を同じようにして暗記する

⑥最終的に100個の暗記が終了したら、そこでまた、100個全部をまとめてテストする

おそらく10~15個ほど間違うはずですから、覚えていない単語を繰り返し、100個の暗記を完璧にします。

この最終段階のテストと暗記には、おそらく15分は必要になるでしょう。

ここで、**暗記にかかる時間を計算**してみましょう。

10個の暗記（5分）×10＝50分

50個での総復習（10分）×2＝20分

100個での総復習（15分）×1＝15分

まずは実際にやってみよう！

用意①　ノートを準備し、ページの中央に線を引き、1ページを2つに分ける

用意②
1ページを2つに分けた左に覚えたい英単語、
右にその日本語訳を100個書く
※10個書いたら1行あけて次の10個を書く
※知っている単語は使わずに、覚えていない単語を選ぶ
（覚えづらい難しいもの）

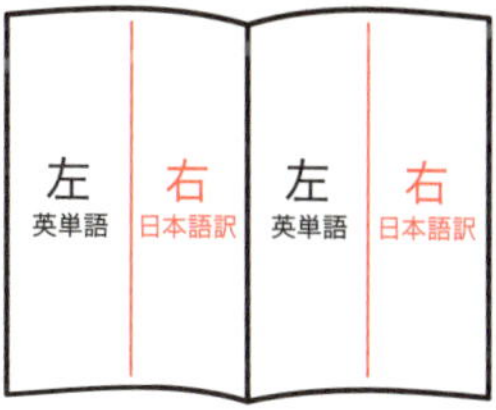

①10個のブロックに分ける

※10個ごとにあけている1行に線を引くなどするとよい

最初の10個を5分で暗記する。

②10個覚えたら、10個全部をテストする

POINT

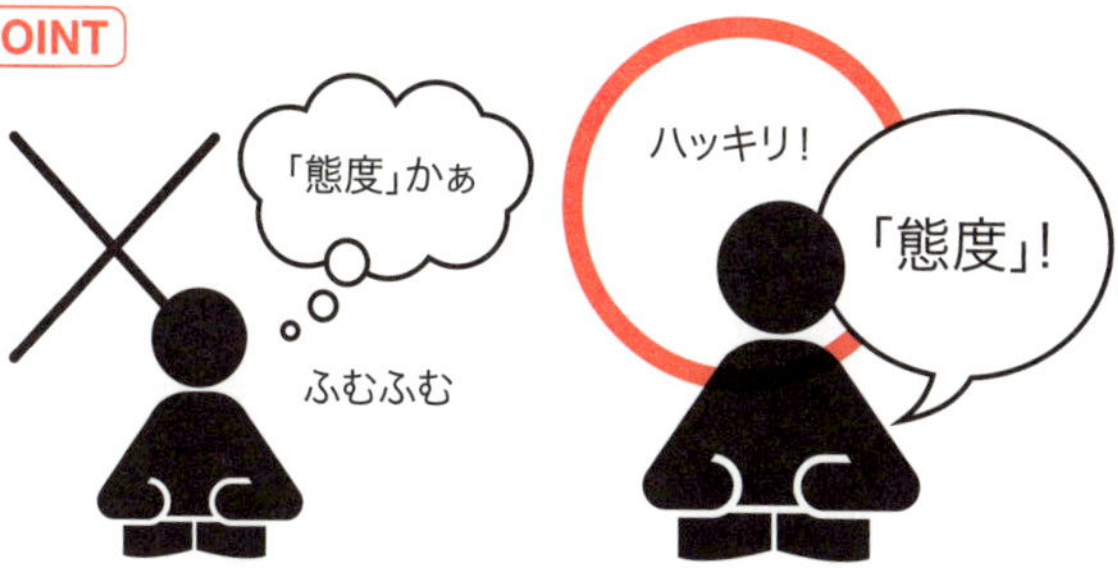

日本語訳を隠して、ちゃんとその訳が出てくる

これが覚えるということ！

50分＋20分＋15分＝85分

人によって、多少かかる時間は変わるかもしれません。

でも、このやり方だと合計で85分、**およそ90分で100個の単語が暗記できる**のです。

③2つ目のブロックの10個を同じ要領で暗記→テストする。
このまま50個(3〜5ブロック)まで同じように暗記。

10個の暗記
(5分×5回)
25分

④これまでの50個(1〜5ブロック)の単語をまとめてテストする。
ここで50個(5ブロック)の暗記を完璧にする!

50個の総復習
10分

⑤残りの50個(6〜10ブロック)も同じように暗記していく。

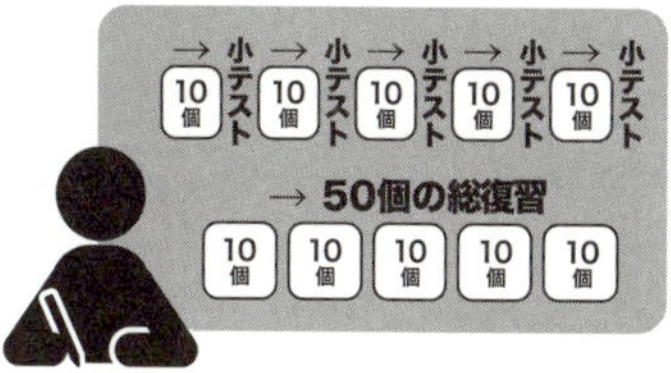

ここでも50個(5ブロック)
の暗記を完璧に!!

10個の暗記(5分×5回)
+50個の総復習
35分

⑥100個(1〜10ブロック)の暗記が終わったら、100個の総復習をする。

100個の総復習
15分

10個の暗記 (5分×10回) **50分** ＋ 50個の総復習 (10分×2回) **20分** ＋ 100個の総復習 (15分×1回) **15分** ＝ **85分**

約85分で 100単語

受験に必要な英単語は、およそ2000個

この説明を読んだだけだと、「10個ずつに分けて覚えることが、すごい方法なのかな」「なんだか、当たり前の暗記方法のような気がする」と思うかもしれません。

そう思う人ほど、実際にやってみてください。

「これまでの勉強法はなんだったの!?」と思うほど、**スムーズに英単語が覚えられる**はずです。

また、「言っているほど簡単じゃないんじゃない?」「特別な人しかできないんじゃない?」と思うかもしれません。

でも、武田塾の生徒は全員、一人の例外もなく、このやり方で英単語をしっかり暗記しています。

大学受験に必要な英単語はおよそ2000個だと言われています。

たとえば、毎日90分を費やして、1日100個の英単語を暗記したとしましょう。

1日100個覚えることができれば、**たったの20日間で、受験に必要な英単語すべてを暗記する**ことができます。

がんばって1日200個覚えれば、わずか10日間ですべてを網羅することができるのです。

考えてみてください。

受験に必要な英単語をすべて知っているということは、試験を受けるときに辞書をそのまま持ち込めるのと同じです。

わからない単語が一つもない状況であれば、どれほど余裕を持って試験に臨めるでしょう。

「武田塾式暗記術」をマスターすれば、**誰でもそんな状態になれる**のです。

「覚えたつもり」でも、1時間後には半分以上忘れている

「覚えなきゃいけないと思っても、すぐ忘れる」

「記憶力には自信がない」

という生徒に、私はいつもこう言っています。

「暗記法は、忘れないためにするのではなく、忘れるから必要なんだ」

何度忘れてもいいのです。

そのたびに、しっかり覚えるようにすることで、**記憶がより強固になる**のです。

人間は、そもそも忘れる生きものです。

そのことを示す、ドイツの心理学者ヘルマン・エビングハウスが行なった、有

名な実験があります。

意味のないアルファベットの綴りを被験者に覚えてもらい、その記憶がどのくらいのスピードで忘れられていくかを調べたものです。

実験によると、なんと**20分後にすでに42％、1時間後に56％、そして、1日後には74％**も忘れてしまいます。このグラフは「忘却曲線」と呼ばれています。

私たちは、脳が「生きていくのに必要でない」と判断したことは、覚えた直後から、こんなにたくさん忘れてしまうものなのです。

しかもこの実験は、被験者がアルファベットの綴りをまず100個、「しっかり覚えた」と確認したあとで始めたと言われています。

多くの受験生は、そこまで完璧に記憶をするまで、勉強することはほとんどないでしょう。

エビングハウスの忘却曲線

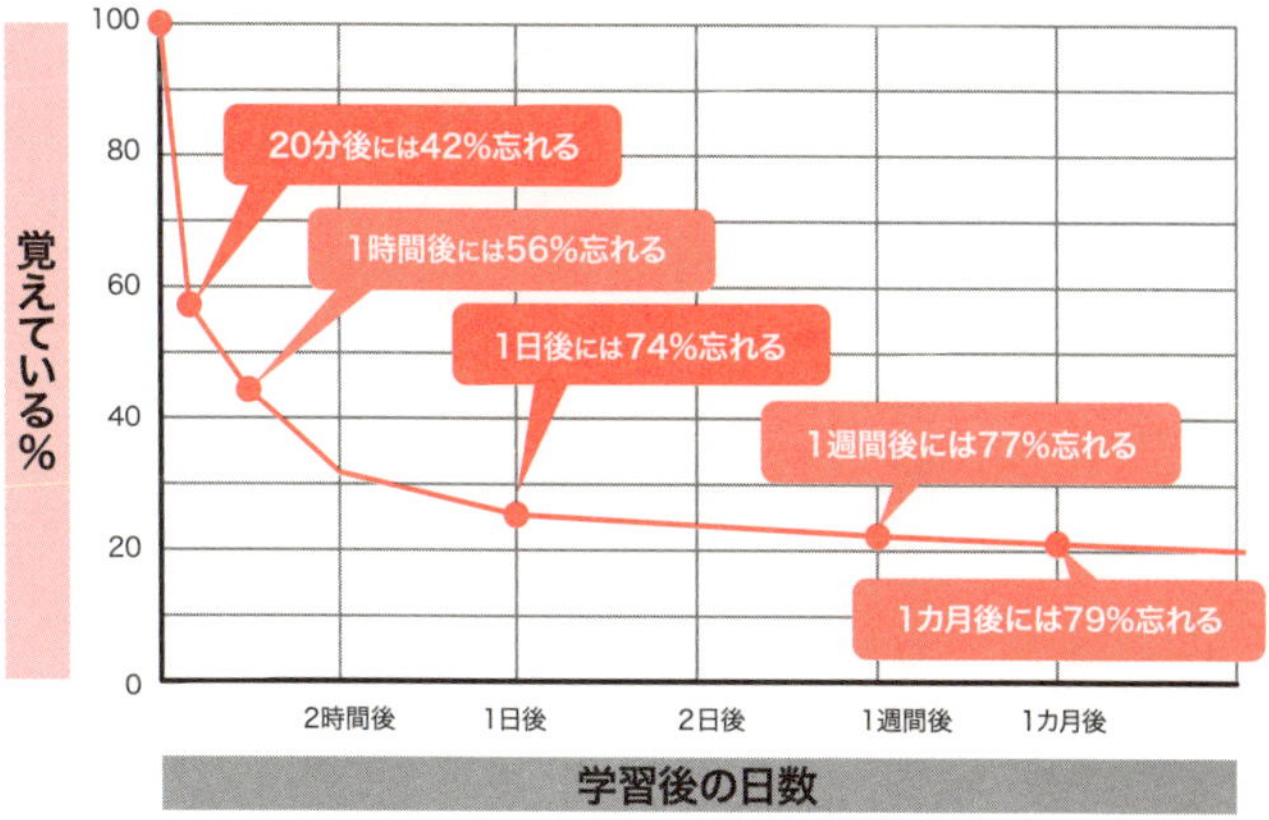

たとえば英単語だったら、単語カードをめくって、意味を間違えた単語があっても、答えを見たら覚えた気になる。もしくは参考書を眺めながら、**1回意味が言えたら終わり**にしてしまう。

こうした曖昧な暗記のレベルでは、どのくらい覚えているかのテストをしたら、エビングハウスの実験よりももっと悲惨な結果になるはずです。

だから、まえがきで書いたように、「すでに終わった」はずの参考書でテストしても、たったの2〜3割しか正解できない生徒が大勢いるのです。

思い出すたびに記憶は強化される

エビングハウスの実験の結果を見ると、私たちが、あまりにもすぐに覚えたことを忘れてしまうのに驚きます。

しかし、エビングハウスは同時に、「人間はこれほど忘れやすい生きものだからこそ、覚えるためにはどうしたらいいか」ということも、示しています。

次のグラフは、**一度覚えたものを、1日後、3日後、5日後、9日後に復習したとき**のものです。

実験によると、1日後に復習したあとでも、3日後までにすでに半分以上忘れ

エビングハウスの忘却曲線と理想的な復習

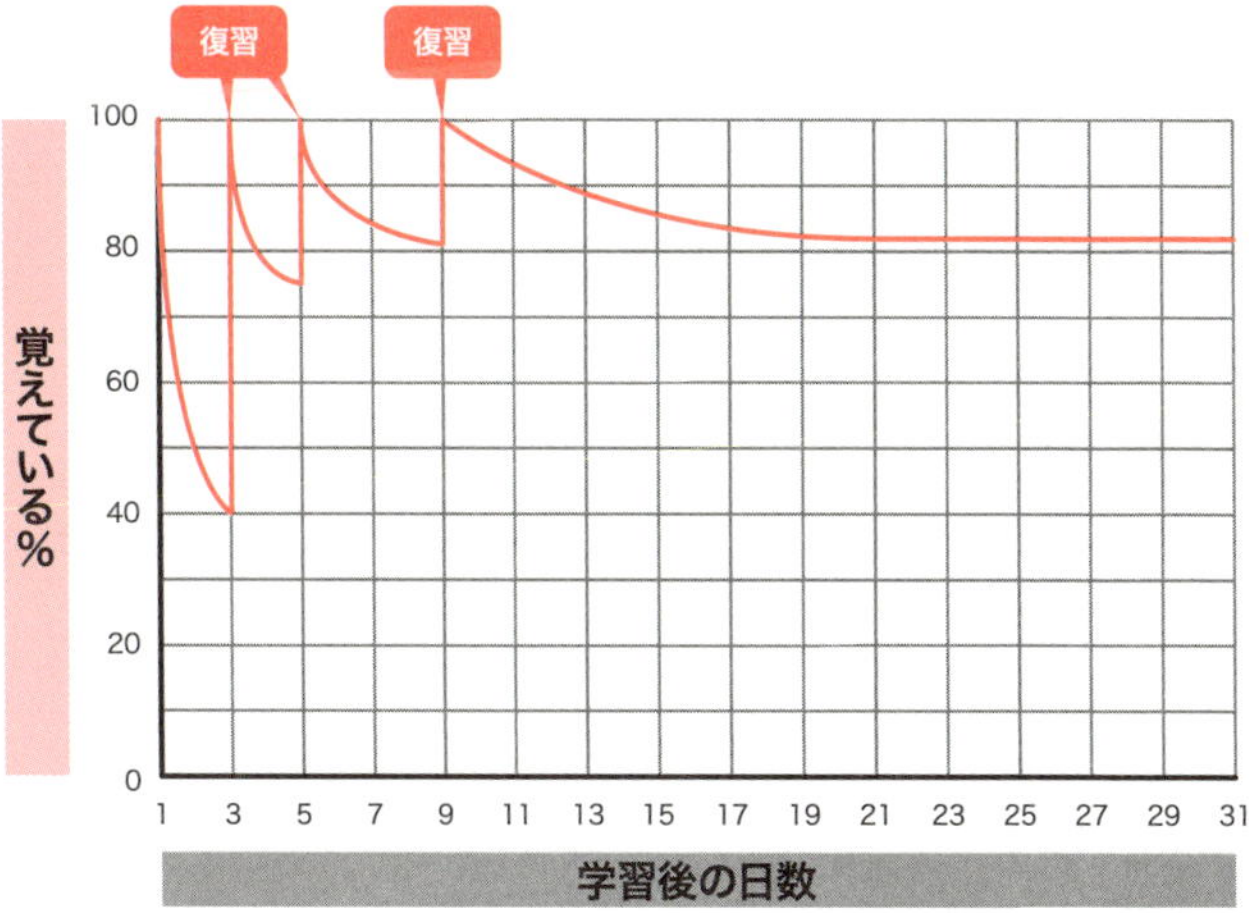

ています。

ところがその後、3日後、5日後、9日後と繰り返し復習するたびに、**どんどん記憶の定着率はアップ**します。

何度も繰り返し思い出すたびに記憶は強化され、最終的には覚えたことの80%以上を忘れずにいられるのです。

これには脳の仕組みが関係しています。

私たちの脳は、メモリーの容量を

ムダ遣いしないよう、無意味なことは記憶しないようにできています。その代わり、**何度も繰り返されれば「重要に違いない」と判断し、長期的に覚えてくれる**のです。

多くの生徒は、「いくら覚えようとしても、なかなかできない」「自分は頭が悪いんじゃないか」と、よくため息をつきます。

でも、暗記の苦手な生徒が「できない生徒」なわけではありません。

ただ単に、「何度も繰り返す」という、暗記の基本を知らないだけなのです。

復習するのもタイミングが大事

繰り返し復習すれば、記憶は定着しやすくなります。

先ほどのグラフのように、3回も復習すれば、脳が「これは大切な情報だ」と覚えようとしてくれるからです。

しかし、復習にもタイミングがあります。

同じ3回復習したにもかかわらず、次ページの「復習しても無意味なタイミング」のグラフを見てわかるように、**すっかり忘れてしまったタイミングで復習しても、記憶は20%しか残らない**のです。これは非常にもったいないことです。

あなたはもしかしたら、「どっちにしろ、1日経てば、70%以上忘れてしまうのだから、いつ復習しても変わらないんじゃない？」と思うかもしれません。

復習しても無意味なタイミング

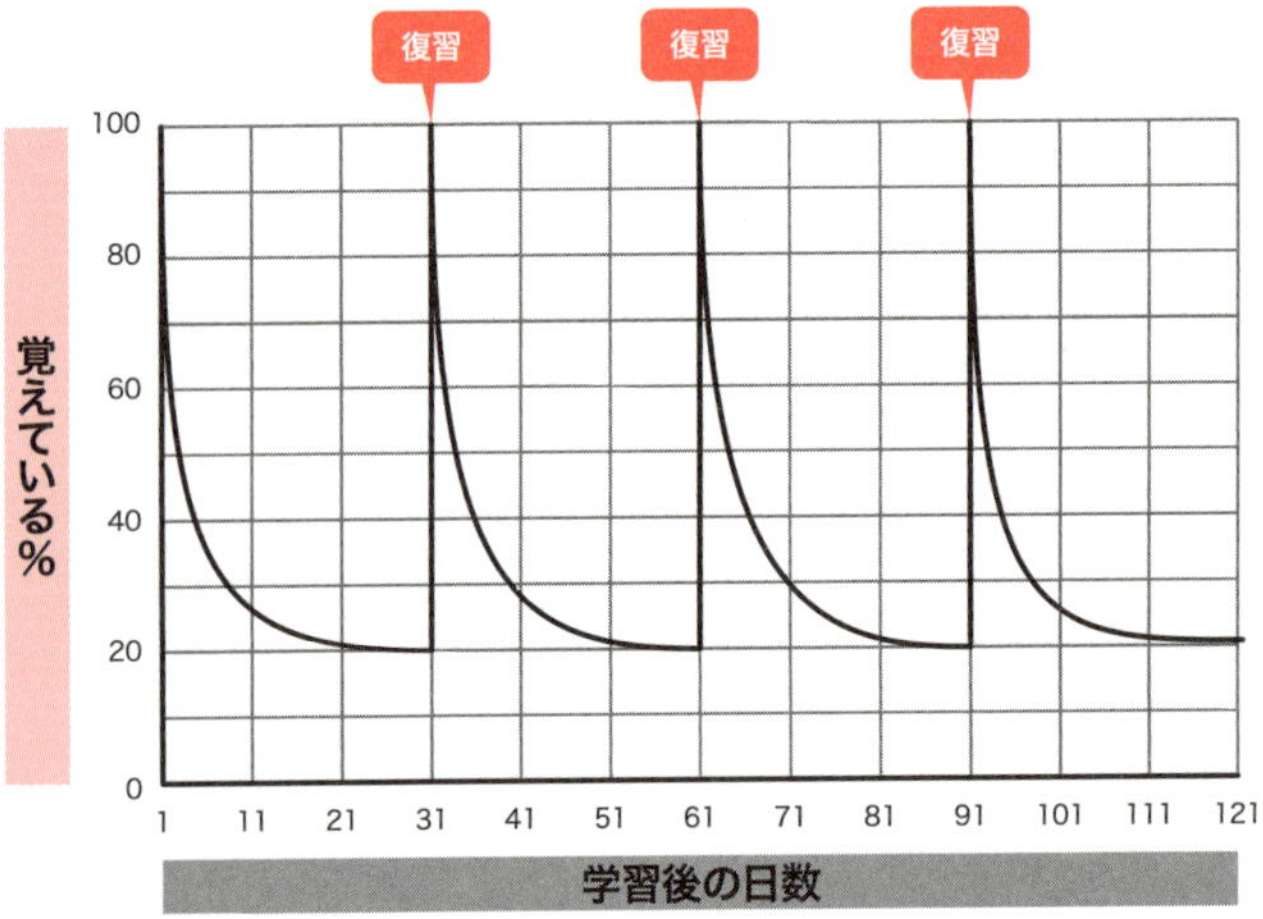

でも、**忘れ方には、実は2種類ある**のです。

誰でも、一度覚えたはずの単語や問題の見直しをしていて「あっ、これ思い出せないけど、やったことある」と思うときと、「えっ、こんなのやったっけ」と思うときがあるはずです。

前に勉強したことを覚えていることを「再認可能忘却」、そして、学んだということさえ忘れてしまうことを「完全忘却」と言います。

「完全忘却」のように、すっかり忘

れてしまうと、もう一度、最初から勉強し直さなければなりません。ですから、1回学んだ時間がムダになるばかりでなく、何度覚えようとしても忘れてしまうのです。

その一方で「再認可能忘却」の段階で繰り返せば、記憶の定着率はそのたびにアップします。また、「しまった、これ、やったのに忘れていた」という気持ちも働くため、より記憶に残りやすくなるのです。

せっかく復習するのであれば、**完全に忘れ去ってしまう前に、何度も行なうことが大切**なのです。

巷に出回る「暗記法」を、一部の人だけができたり、ある教科だけに通用したりする、小手先のテクニックだと考える人も少なくありません。

しかし、「武田塾式暗記術」は、こうした科学的なタイミングも考慮した上で、生み出されたものなのです。

九九を絶対に忘れないのはなぜ？

また、「武田塾式暗記術」には、日本人ならほとんどの人が体験している、あることの暗記法も応用しています。

ここでちょっと考えてみてください。

いくら人間は忘れっぽいと言っても、**ほとんどの日本人がしっかり覚えている**ことがあります。

それは、九九です。

九九は、一の段から九の段まで、合計81個もあります。

それなのに、小学校で覚えて以来、今でも誰もが正確に記憶しています。

受験に必要な単語や年表なども、これくらいしっかりと記憶に刻めれば、必ず志望校に合格するはずです。

それなのに、なぜ九九でできることが、ほかの教科ではできないのでしょうか。

それは、**九九に隠されている暗記のポイントに気づいている人がほとんどいない**からです。

皆さんが意識せずに行なっていた九九の記憶方法には、大きな特徴が3つあります。

これが、暗記の基本法則と言ってもいいでしょう。

その3つを順に説明していきましょう。

①できる量ずつ

まず大切なのは、**自分で覚えられる範囲の、少ない量に分けて暗記する**ことです。

九九を覚えるときは、一の段から順に始め、しっかり記憶してから次に進んだはずです。

いきなり一の段から九の段まで、一気に覚えようとはしなかったでしょう。

九九では、一つの段で覚えなければならないのは、たったの9個です。

それなのに、たとえば英単語を覚えようとすると、なぜか受験生は50個とか100個をいっぺんに覚えようとします。

「10個ずつやろう」などと小分けにしないため、なかなか覚えられないのです。

②すぐに口に出して言えるように

2つ目のポイントは、すぐに口をついて出るほど、完璧に暗記してから次に進んだということです。

九九では、一の段を何も見ずに暗唱できるようになって初めて、二の段に進みました。

「何回やっても7だけ出てこないけど、まあいいか」ということはなかったはずです。

受験勉強では、**完璧に覚えていないうちに次に進むから、忘れる数も多くなる**のです。

③難しいものは何回も！

3つ目は、九九の場合、完璧に覚えられるよう、間違いやすいところを集中的に繰り返したということです。

九九では、「一から九の段まで全部同じ回数、繰り返しました」いう人はいないでしょう。

たとえば七の段、八の段など難しいところは、一の段などに比べて回数を重ね

できる量ずつ

すぐに口に出して言えるように

難しいものは何回も！

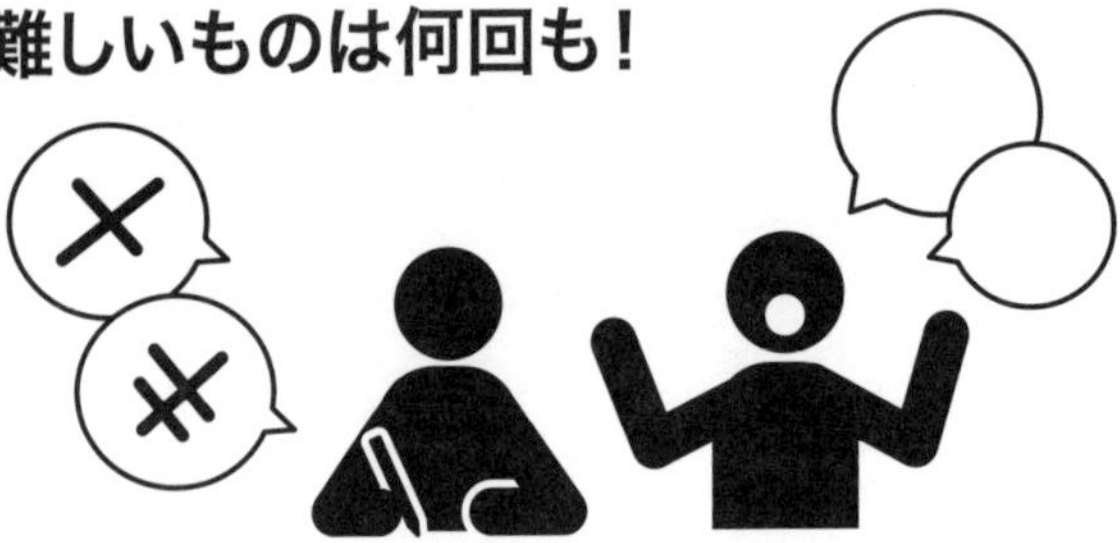

て覚えたはずです。

それに比べると、多くの受験生は、**苦手なものを何度もやる習慣が身についていない**と言えます。全体をざっと通したあと、間違えたところ、わからなかったところは、せいぜい赤ペンで囲んで読み直したり、解き方や答えを見直したりする程度ではないでしょうか。

こんなにある、逆転合格の実績

暗記方法を身につけた生徒が、**実際にどんな状況からどの大学に合格できたか**、いくつか例をご紹介しましょう。

- 偏差値40から慶應義塾大学経済学部に合格
- 偏差値39から立命館大学法学部に合格
- 偏差値50前後から東京農工大学工学部に合格
- 偏差値45から青山学院大学国際政治経済学部に合格
- 偏差値40から多摩美術大学美術学部環境デザイン学科に合格
- 偏差値30台から早稲田大学教育学部に合格

- 偏差値40台から東京外国語大学外国語学部フランス語学科に合格
- 偏差値45から早稲田大学社会学部、慶應義塾大学総合政策学部に合格
- E判定から京都大学経済学部に合格
- E判定から東京医科歯科大学医学部医学科に合格
- E判定から富山大学医学部医学科に合格
- E判定から群馬大学医学部医学科に合格

などなど、**普通だったら「この成績じゃ絶対無理」と言われる大学に、次々に入学**しています。

皆さんが「自分なんか無理」「行きたいけど不可能だ」と思う難関大学にも、暗記ができるようになれば、ほとんどの場合、合格することができるのです。

必要な知識を正しくインプット→アウトプットする

いったい何をすれば、目指す大学に合格できるのか。
これが、**成績に悩む受験生の最大の問題**でしょう。

「狙った大学に合格するためには、何ができるようになればいいのでしょうか?」と、よく聞かれます。

それぞれの大学のレベルなどはさておき、どうなれば合格できるか、それをひと言で表すと、私は「大学受験で必要な知識をインプットして、アウトプットできるようになればいい」と考えます。

「インプットとアウトプット」の意味を、もう少しわかりやすく説明します。

インプットとアウトプットを理解するためには、なぜ、似たようなレベルの生徒の間でさえ、成績に差が生まれるのかを考えてみるといいでしょう。

学校でも予備校でも、一つのクラスを教える先生や講師は一人です。クラス全員が同じ先生から習います。

また、使うテキストも皆同じですから、受ける授業の内容は変わりません。しかも、もともと同じ学校に通っているのであれば、生徒の能力にそう差はないはずです。

それなのに、全員の成績は同じになりません。

1番からビリまで、はっきり分かれてしまいます。

なぜそんなに成績に差がついてしまうのでしょう。

それは、**インプットのやり方の違いによって、アウトプットである結果が変わってくる**からです。

「できる人」は、授業の内容をしっかりとインプットし、テストのときにうまくアウトプットします。

成績が伸びない人は、授業に出てノートを取っているかもしれません。ですが、実はしっかりとインプットできていないのです。

定期テストの前にあわてて詰め込んでインプットする。でも、試験が終われば忘れてしまう。だから、肝心なときにアウトプットしようと思っても、出てこずに終わってしまいます。それは、実は**インプットの方法に問題がある**のです。

うまくインプットできないのは「能力がないから」ではありません。

やり方さえわかれば、誰でも「できる人」と同じようにインプットできます。

インプットとは、すなわち「暗記する」ということです。

「記憶力選手権」のようなテレビ番組を観ると、膨大なケタ数の数字を一瞬にして覚えてしまう人がたくさんいます。

「自分にはとても無理だな」「やっぱり暗記は才能なのか」と落ち込む必要はありません。

こうした大会でチャンピオンになるような人も、「暗記はやり方さえ覚えれば、誰でもできる」と言っています。

そうした暗記法のなかでも、**受験勉強にとって最も効果的だと言えるのが「武田塾式暗記術」**なのです。

私が授業に出ないで特待生になれた理由

「武田塾式暗記術」は、大学合格のためだけのものではありません。

大学の授業や、社会人になってからの資格取得など、あらゆる場面で応用することができます。

その証拠に、私はこの暗記術を応用して、大学時代ほとんど授業には出なかったにもかかわらず、成績優秀な学生一人しか選ばれない特待生となり、109万円の奨学金をもらったのです。

ここで簡単に、**大学の授業ではどうやって暗記術を応用するのか**ご説明しましょう。

大学では、「このプリントを覚えればいい」というような単純な暗記の授業は、ぐっと少なくなります。でも、たとえどんな教科でも、必ず覚えるべきことがあります。

何を覚えれば点数になるかを見極め、**暗記できる形に変えてしまえばいい**のです。

どうやって暗記できるようにするか、外交史の授業を例にあげましょう。

まず、授業の内容で、何が論点になっているかを考えます。

そうした論点は、試験で出題されるポイントでもあります。ですから、その論点をしっかり説明できるよう、自分で「もしこういう問題が出たら？」「ここで重要なことは何？」と考えるのです。

そして、「東アジア発展の歴史は？」「ブッシュ外交の基礎となった考え方は？」などの、問いをつくります。

そのあとで、**これらの問いを問題集だと考えて、しっかり説明できるように暗記すればいい**のです。

「授業に出ないで、よくいい成績が取れましたね」と言われることもあります。でも、授業の目的はわかることであり、暗記することではありません。授業に出なくてもわかればいいのですから、教科書やインターネットで調べれば済みます。どうしてもわからなければ、わかっている友達に聞けばいいのです。よい成績が取れたのは、授業の内容を理解した上で、しっかり暗記したからなのです。

「武田塾式暗記術」は、参考書タイプ別の暗記法

武田塾で教える暗記法は、**大学受験だけでなく、大学の授業や社会人になってからの資格取得など、人生のあらゆる場面で活用する**ことができます。

とはいえ本書は、基本的に大学合格を目指す受験生に成績を上げてもらうためのものです。

大学合格のための最も効果的な暗記法は、国語、英語、数学などの「試験の科目別」で違うわけではありません。

暗記法は、「参考書のタイプ別」に変わるのです。

たとえば英語は、英単語や熟語のほかに、英文法、構文解釈、そして長文読解

などの要素から成り立っています。

単語や熟語は、訳をそのまま覚えればいいでしょう。

しかし、長文読解は、出てくる文章すべてを丸暗記するわけにはいきません。

また、国語では、漢字や古文単語を覚えるのと、現代文や古文の文章を読み解くのでは暗記法が違います。

そこで本書では、次章から、**「単語系」「文法系」「数学・理科系」「文章読解系」「講義系」と、参考書を5種類に分類して暗記法を説明**していきます。

第2章

基本中の基本、英単語の暗記

～「単語系」参考書～

英単語の暗記は、すべての教科に応用できる

ではさっそく、「武田塾式暗記術」のやり方を、「単語系」参考書から説明していきましょう。

「単語系」の暗記は、「武田塾式暗記術」の基本中の基本。

まずは、このやり方をしっかり身につけましょう。

「単語系」の暗記法は、英単語を例にしてご紹介します。

英単語は、**熟語、文法、構文など、ほかにもやるべきことが多い英語という科目のなかでも、基本中の基本**です。

英単語という基礎をしっかりと構築し、その上に、熟語、文法、構文などを積

み上げて、総合的に英語の成績を上げる。

これができれば、ほかのどんな科目にも応用することができます。

また英単語は、暗記の方法がシンプルな分、やればすぐに結果が出せます。

英単語の暗記が受験勉強の結果に反映すれば、やる気もアップするはずです。

英語は、大学入試では、ほぼ確実に主要教科です。

配点が大きい科目に自信がつけば、勉強することが楽しくなってくるでしょう。

こうして**英単語の暗記は、すべての教科の成績アップのカギとなる**のです。

まずは100個から始めてみよう

まずは、**英単語100個の暗記**から始めましょう。

やり方は第1章でもご紹介しましたが、もう一度、簡単に振り返ってみましょう。

①英単語を10個に分けて覚える
②覚えたかどうかテストする
③間違えたものがあったら、覚え直して、完璧になるまで再テストする
④①から③までを繰り返し、50個まで終わったら、50個をテストする
＊間違ったものは覚え直してテストし、50個を完璧に記憶する。

⑤残りの50個でも①から④までを行ない、最後に100個をまとめてテストする
＊ここでも間違えたものがあったら覚え直して、しっかり記憶する。

この方法で、スムーズに英単語100個が覚えられます。

でも、英単語は100個覚えたら終わりではありません。

大学受験に必要な英単語は、およそ2000語。

合格を目指すのであれば、その**2000語をしっかりと網羅した「単語系」参考書**を使いましょう。

単語カードではなくノートを使う理由

「単語系」の代表的な参考書に、『システム英単語　改訂新版』（駿台文庫）、『英単語ターゲット1900　5訂版』（旺文社）があります。

これらの参考書は、だいたい次ページのように、単語ごとに代表的な訳が並んでいます。

覚えるべき英単語を用いた例文と和訳も載っている参考書もありますが、**暗記のルールとしては、まずは一語につき一訳**を完璧に覚えていきます。

「単語系」の暗記でおすすめなのが、単語カードの代わりに、ノートやルーズリ

単語系の代表的な参考書

システム英単語　改訂新版
【駿台文庫】

英単語ターゲット1900 5訂版
【旺文社】

anxious	(〜を)心配して、気にして、不安な	My mother is anxious about my future.	母は、私の将来を心配している。
express	(言葉で)表現する、(〜を)言い表す	I couldn't express in words the beauty of the landscape.	私はその風景の美しさを言葉で表現できなかった。
exhaust	へとへとに疲れさせる、(〜を)使い尽くす	I'm too exhausted to go out.	私はでかけられないくらい疲れていた。
forbid	(〜を)禁止する、許さない	It is forbidden to smoke in this area.	この場所で喫煙は禁じられている。
appearance	出現すること、姿を見せること、出席	Don't judge people only by the appearance.	人を外見のみで判断してはいけない。

英単語と、その代表的な訳が並ぶ

ーフなど、紙のページに書き込むやり方です。

なぜ、単語カードを使わないか。

まず、**カードはつくるのに手間がかかり、つくっただけで覚えた気分になってしまう**人が多いからです。

また、せっかくつくったカードをなくしてしまうこともよくあります。

さらに、カードだと、「どの単語を間違えたか」はわかっても、「どの単語を何回間違えたか」がわからなくなるからです。

九九の覚え方の法則に、「難しいものは何回も!」というものがありました。

単語カードだと、自分がどの単語を1回間違えて、どの単語を3回間違えたか、回数がわかりません。間違えた回数が多いものこそ、苦手なはずです。

どれが苦手なのかわからないと、難しいものを集中的に克服することができません。

ただし、ノートを使うと、書かれた場所で覚えてしまう人もいます。その点、**単語カードには「ランダムにテストできる」というメリットがある**ので、それぞれの特長をうまく使いこなした上で自分に合う方法で覚えるのがいいでしょう。

ノートを使った暗記法

それでは、ノートを使った暗記法のやり方を説明しましょう。
この暗記法は、ノートの使い方に特徴があります。
ノートは次のように使ってください。

- 単語を書くときは、スペル、日本語訳を横に並べて上から順に書く
- 単語の左側を3㎝あける
- 日本語訳は**重要なものを一つだけ**書く

単語と日本語訳を横に並べるのは、下敷きなどで、右半分もしくは左半分を隠

して覚えることができるからです。

次にやり方です。

まず、ノートに単語を書き出す前に、今日覚えようとする範囲を決めます。

＊例……参考書であれば『英単語ターゲット１９００』などの１から１００までなどと決める。

その単語をすべてテストし、**わかる単語とわからない単語**に分けます。

わからない単語をすべてノートに書き出してから始めましょう。

①書き出した単語10個ずつに、わかりやすい区切りをつける

＊10個以上いっぺんに覚えられる人は、15個や20個など、自分が覚えやすい数ごとに1行あけるなど、わかりやすく区切りをつける。

②自分の覚えやすいやり方（書く、声に出す、例文を読むなど）で暗記する

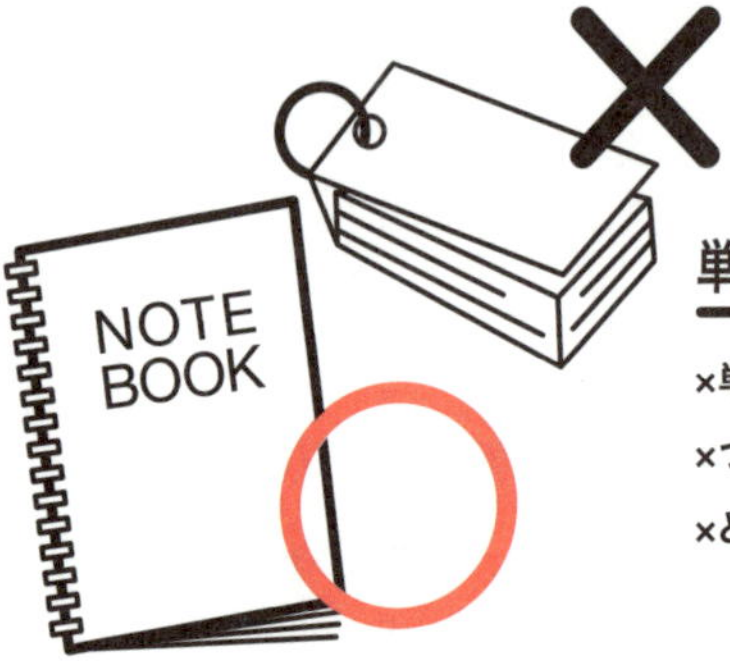

単語カードをおすすめしない理由

×単語カードをつくるのに手間がかかる

×つくっただけで覚えた気分になる

×どの単語を何回間違えたかわからない

ノートの書き方

3cmあけて、
「単語」「日本語訳」を書いていく

下敷きなどで
隠しながら
覚えるため
「単語」と
「日本語訳」は
すき間をあける

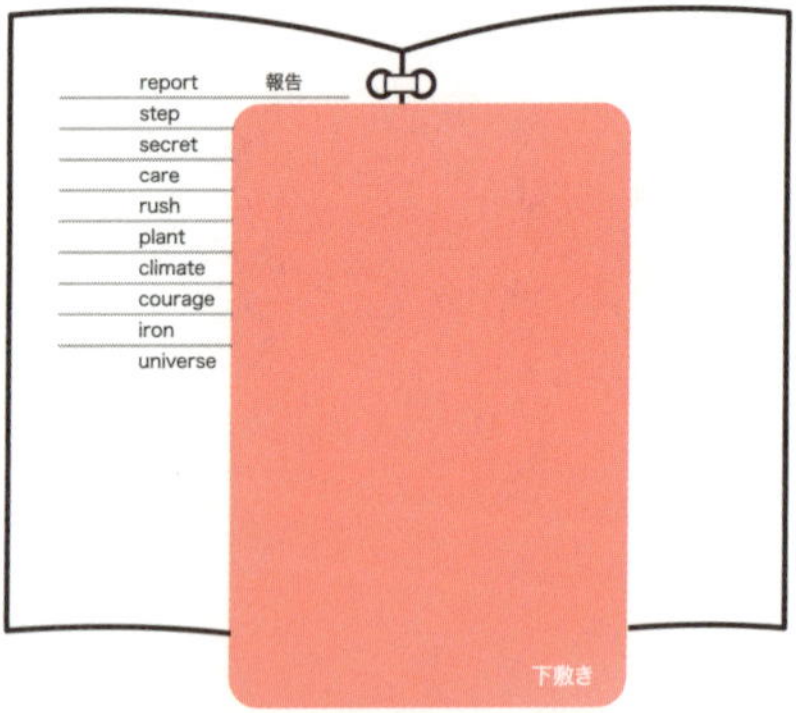

③覚えられたと思ったら、10個テストする
④間違ったものに「／」をつけ、「／」がついたものだけやり直す
⑤「／」をテストし直し、間違えたら「×」にして、正解するまで繰り返す
⑥すべて正解したら10個の総復習をする
⑦10個が完璧に覚えられたら、次の10個に進む
⑧①から⑦までを繰り返し、50個まで覚えたら、その50個をテストする
⑨そして、間違ったものに、新たなスペースで「／」をつけ「／」がついたものだけやり直す

50個が完璧になったら、次の50個も①から⑨までを繰り返して、100個まで覚えましょう。

最終的には、**100個でテスト**をし、できなかった単語をやり直して、完璧に覚えます。

覚え方・使い方

①10個ごとにわかりやすい区切りをつけるか、1行あける

report	報告	accident	事故
step	階段	waste	浪費
secret	秘密	reply	返事
care	世話	stay	滞在
rush	殺到	silver	銀
plant	植物	heaven	天
climate	気候	ocean	大洋
courage	勇気	billion	10億
iron	鉄	couple	一対
universe	宇宙	area	地域
apple	りんご	wild	野生の
jewel	宝石	outside	外側の
rainbow	虹	fresh	新鮮な
weather	天気	healthy	健康な
model	模型	lovely	美しい
point	点	dumb	口のきけない
railway	鉄道	modern	現代的な
mark	印	peaceful	平和な
custom	習慣	international	国際的な
shake	震える	suddenly	突然

②自分の覚えやすいやり方で暗記

③10個覚えたらテスト

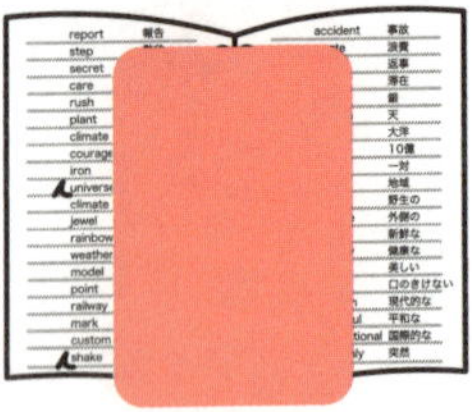

④間違えたものに印をつける

	report	報告
/	step	階段
/	secret	秘密

⑤間違えたものをやり直してテスト また間違えたら印をつけ足す

	report	報告
×	step	階段
/	secret	秘密

ここで大切なのが、50個と100個の総復習のときは、10個ずつ暗記して間違えたものにつけた「／」や「×」とは別のスペースに「／」や「×」を書くことです。

そうすることで、**10個ずつのときに間違えたものと、総復習で間違えたものを区別する**ことができるからです。

また、よくある質問が、「10個ずつ進むとき、10個全部を覚えたかどうか、覚えているものも含めてテストするのはわかります。でも、50個、100個となったとき、覚えていたものも含めてすべてテストするのは時間がかかるのですが、そこまで必要でしょうか?」というものです。

50個、100個の段階になったときは、

①50個単位で復習する

②1日の終わりに、正解した単語を含めて、すべてを復習すると考えてください。

たとえば、100個まで進んだとき、30個正解して、70個間違えたとしましょう。

その場合、まず間違えた単語70個のうち、50個をやり直します。50個の覚え方は、最初と同じように10個ずつ進みます。

そして50個を覚えたら、残りの20個をまた、10個ずつ暗記します。間違えた70個すべて覚えたら、間違えた単語だけテストします。

そして、**1日の終わりに、その日に覚えた100個の単語をすべて復習**してください。

⑥すべて正解したら10個の総復習

⑦10個完璧に覚えたら、次の10個へ

⑧ ①〜⑦を繰り返して50個まで覚えたら、覚えた50個をテスト

⑨50個の総復習では新たなスペースで間違えたものに印をつける

50・100個復習のときの間違えた印列

		report	報告
×	＼	step	階段
／		secret	秘密

10個のときの間違えた印列

どこで間違えたのか
わかりやすい！
自分の弱点が
目で見てわかる！

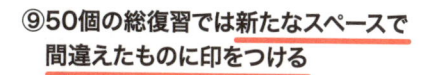

英単語の参考書1冊を完璧にするスケジュール

さあ、こうやって、限定された数を順に覚えていき、ある程度のくくりで再度復習する。また同じように、できる数だけまとめて暗記しながら、もっとたくさんの数を覚えていく、というのが「武田塾式暗記術」の基本のやり方です。

しかし、ここで「1日で覚えるためにはどうすればいいかわかった。でも、次の日はどうすればいいの？」「暗記事項が2000個近くもある**参考書1冊を完璧にする**には、どうやればいいの？」という疑問が湧いてきたはずです。

次に『英単語ターゲット1900』をモデルとして、1900個の単語を28日間で完璧に覚えるには、どういうやり方をすればいいかをご紹介しましょう。

〈1冊を完璧にするスケジュール〉

参考書1冊を完璧にするためには、最初の4日間は、100個覚えたときのように暗記をします。次の2日間でそれまでの範囲の復習をし、**7日目は、覚えたすべての単語のテスト**を行ないます。

＊1週目

1日目　1～200（暗記する範囲）
2日目　201～400
3日目　401～600
4日目　601～800
5日目　1～800

6日目　1~800
7日目　テスト（1~800）

5日目、6日目の復習日に「えっ、800個も復習するの？」と思うかもしれません。

でも、この800個は、**数日前に完璧に暗記したのですから、間違える数はそう多くない**でしょう。

まずは800個すべてを、覚えたもの、忘れてしまったものに分けます。

4日間暗記したあとの正解率は、平均して7割程度です。つまり、ほとんどの生徒は、およそ150~200個を忘れています。

間違えたものを50個ごとにまとめ、10個ずつ復習しましょう。

そして完璧になったところで、800個を通してやり直しましょう。

1冊を完璧にするスケジュール【1週目】

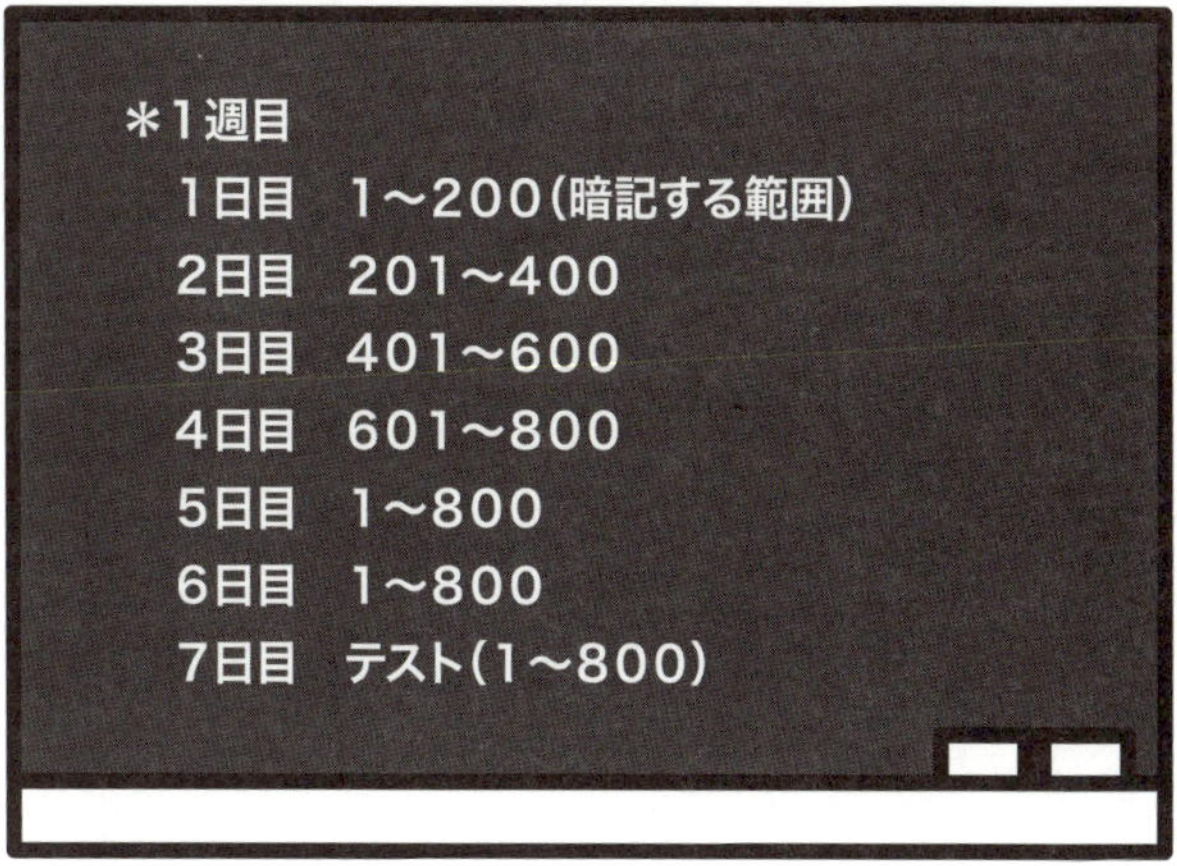
＊1週目
1日目　1～200(暗記する範囲)
2日目　201～400
3日目　401～600
4日目　601～800
5日目　1～800
6日目　1～800
7日目　テスト(1～800)

数日前に暗記した
800個だから
5日目、6日目の復習日でも
間違える数は
そう多くないぞ！
!

＊2週目

2週目も同じように、**4日間暗記をし、次の2日で復習、そして14日目にテスト**をします。

8日目　801〜1000
9日目　1001〜1200
10日目　1201〜1400
11日目　1401〜1600
12日目　801〜1600
13日目　801〜1600
14日目　テスト（801〜1600）

1冊を完璧にするスケジュール【2週目】

＊2週目
8日目　801～1000
9日目　1001～1200
10日目　1201～1400
11日目　1401～1600
12日目　801～1600
13日目　801～1600
14日目　テスト(801～1600)

前の週と
要領は同じ！
ちゃんと覚えてから
先に進むぞ！

＊3週目

ここまできたら、もう一息です。**あと300個を残すだけ**となりました。

3週目も、4日暗記して2日復習、次の日にテストというペースは変わりません。

しかし、復習の範囲が違います。最初に覚えた1～800を見直しましょう。

15日目　1601～1800
16日目　1801～1900
17日目　1601～1900
18日目　1601～1900
19日目　1～800
20日目　1～800
21日目　テスト（1601～1900と1～800）

1冊を完璧にするスケジュール【3週目】

＊3週目

15日目　1601～1800

16日目　1801～1900

17日目　1601～1900

18日目　1601～1900

19日目　1～800

20日目　1～800

21日目　テスト（1601～1900と1～800）

残りあと300個だ！
でもそろそろ
最初に覚えた単語を
忘れそう。
もう一度テストだ。

復習のやり方は、いつもと同じです。

まず最初に、その日の範囲の単語すべてをテストし、覚えているもの、覚えていないものに分けます。

そして、覚えていないものを50個ずつ覚えます。この50個は、これまで通り、**10個ずつに区切って暗記**しましょう。

50個ずつ復習し、完璧になったところで、800個を通してやり直します。

＊4週目

いよいよ最後の週です。

22日目　801～1200
23日目　1201～1600

1冊を完璧にするスケジュール【4週目】

＊4週目

22日目　801〜1200
23日目　1201〜1600
24日目　801〜1600
25日目　1〜1900
26日目　1〜1900
27日目　1〜1900
28日目　テスト(1〜1900)

同じ要領で
1900個まで覚えたぞ！
入試のときにちゃんと
思い出せるように
覚えてる単語もしっかり
総復習しよう！

24日目　801〜1600
25日目　1〜1900
26日目　1〜1900
27日目　1〜1900
28日目　テスト（1〜1900）

ここでもやり方は同じです。

その日の範囲、すべてのなかから覚えていないものを抜き出し、50個ずつやり直します。

そして、**1日の終わりに総復習**をしましょう。

ときどき、「これだけ何度も繰り返しているのだから、最後の週くらい〝×〟がつかない単語は、飛ばしてはダメですか」と、聞かれることがあります。

特に最後の1～1900の総復習のときに、そう考える生徒が少なからずいます。

でも、**英単語は受験勉強のしっかりとした基礎を築くためのもの**です。

そのときだけ覚えて、入試のときに忘れてしまっていいわけがありません。

ですから、必ず覚えたものも含めて、しっかり総復習するようにしましょう。

●「単語系」参考書・暗記のポイント

4日進んで2日戻る

記憶は繰り返すことで完璧になります。

前述した「忘却曲線」の心理学者エビングハウスも、「3回復習すれば、記憶に定着する」と言っています。ただし、そのためには完全に忘れ切っていない「再認可能忘却」のうちに、脳に「あ、これ、また出てきた」と思わせなければなりません。

そこで武田塾では、記憶を定着させるためのタイミングを見極め、1週間のスケジュールを「4日暗記、2日復習、1日テスト」と決めています。

ときどき、この暗記法を実践しているにもかかわらず、テストの正解率が低い生徒がいます。

「おかしいな」と思い、彼らが使うノートを見ると、4日覚えたあと、1日しか復習しないなど、しっかりこのリズムを守っていないことがわかります。「あれだけ繰り返したのだからいいだろう」と、勝手に復習の回数を減らしているのです。

このスケジュールは必ず守るようにしてください。

2秒で答えが言えなければアウト

覚えたかどうか、自分でテストをするときに、「えーっと、この単語なんだっけ」と、考え込んでしまうものは、「暗記できていない」とみなします。

その基準は「2秒で答えが言えなければアウト」です。

単語というのは、英語の基本ですから、覚えて「使いこなせなければ」意味がありません。すぐに口から出ずに、考え込んでしまうようでは、役に立つまで暗記できていないということです。

うろ覚えの単語を悩んで思い出そうとする時間があったら、ほかの単語を10個はテストできるはずです。

悩んでいる間に、成績が上がるわけではありません。

すぐに出てこない単語は「／」や「×」をつけて、もう一度やり直しましょう。

毎回100点を取らなければ意味がない

「完璧に暗記する」というのは、「毎回100点を取る」ということです。

10個覚えてテストするとき、100個で振り返るとき、また、4日覚えて2日復習するときも同じです。

「1～2個だったら、間違えてもいいや」という気持ちではなく、いつも「絶対に100点取る」まで繰り返してください。

ここまでやらなければ、「覚えたつもり」になって、必ず本番でケアレスミスをするからです。

ここで覚えていなかった1個の英単語が、本番の入試で合否を分ける1点につながります。単語帳に載っている単語を覚えていなかったばかりに入試に落ちることは、絶対にあってはならないはずです。

また、もしあなたが難関大学に行きたいのであれば、英語はセンター試験で8割以上、一般入試でも6～7割は正解しなければなりません。

英語のなかでも基本である英単語で、「100点取れなくてもいいや」というつもりで暗記していたら、長文読解などとてもおぼつきません。

何がなんでも100点を取るつもりでやって、間違えたのは仕方ありません。また覚え直して100点にすればいいのです。

単語100個に90分以上かけない

これは、先ほどの「2秒で答えが言えなければアウト」にも通じます。

100個の英単語を暗記するまでにかかる時間は、武田塾の生徒の平均で、およそ80～90分です。

それ以上時間がかかるというのは、何かしらやり方が間違っています。


暗記がうまくいかない生徒に詳しく話を聞いてみると、わかる単語もわからない単語も、ひたすら書き出していたり、辞書で語源から調べたり、または単語カードに日本語訳をいくつも書き込んだりしていることがよくあります。

「暗記」以外の余計なことに時間をかけすぎているのです。


「英単語を暗記する」ことに集中できるように、余分な動作を削ぎ落としているのが、武田塾のやり方です。

もしあなたが、「こうやらないと覚えられない気がする」というやり方があったとしても、その考えはいったん捨ててください。

そして、この暗記法を最初から最後まで、やってみてください。

必ず、これまでのどんなやり方よりも、頭に入ることに気づくはずです。

第3章

「なぜその答えになるのか?」を説明できるようにする

～「文法系」参考書～

「文法系」参考書は、答えや説明を丸暗記してはいけない

さあ、「単語系」参考書の暗記法をマスターしたら、次は「文法系」参考書を使った暗記法です。「文法系」の覚え方は、**英文、古文、漢文などに応用する**ことができます。

「文法系」の暗記のやり方で、「単語系」との最大の違いは「答えを丸暗記するのはダメ」ということです。

具体的な参考書のページを見ながら、説明しましょう。

英文法の代表的な参考書には、『Next Stage 英文法・語法問題 4th edition』

『英文法ファイナル問題集　標準編』(いずれも桐原書店)などがあります。

「文法系」は、たいてい次ページのようなつくりになっています。

左ページに穴埋め問題があり、右ページにその文法の解答と解説が記載されています。

まずは、解答・解説の部分を隠して、問題を解いてみましょう。

「文法系」には、「関係詞」「不定詞」などの分野ごとにまとまっているものと、ランダムに出題されているものがあります。

分野ごとにまとまっているものは、その分野の章すべてを、**ランダムに出題されているものは、1回50問**を目安に区切って問題を解きましょう。

決めた範囲のすべてを解いたら答えを確認し、間違えたものは右側の解説を読んでください。

文法系の代表的な参考書

Next Stage
英文法・語法問題 4th edition
【桐原書店】

英文法ファイナル問題集 標準編
【桐原書店】

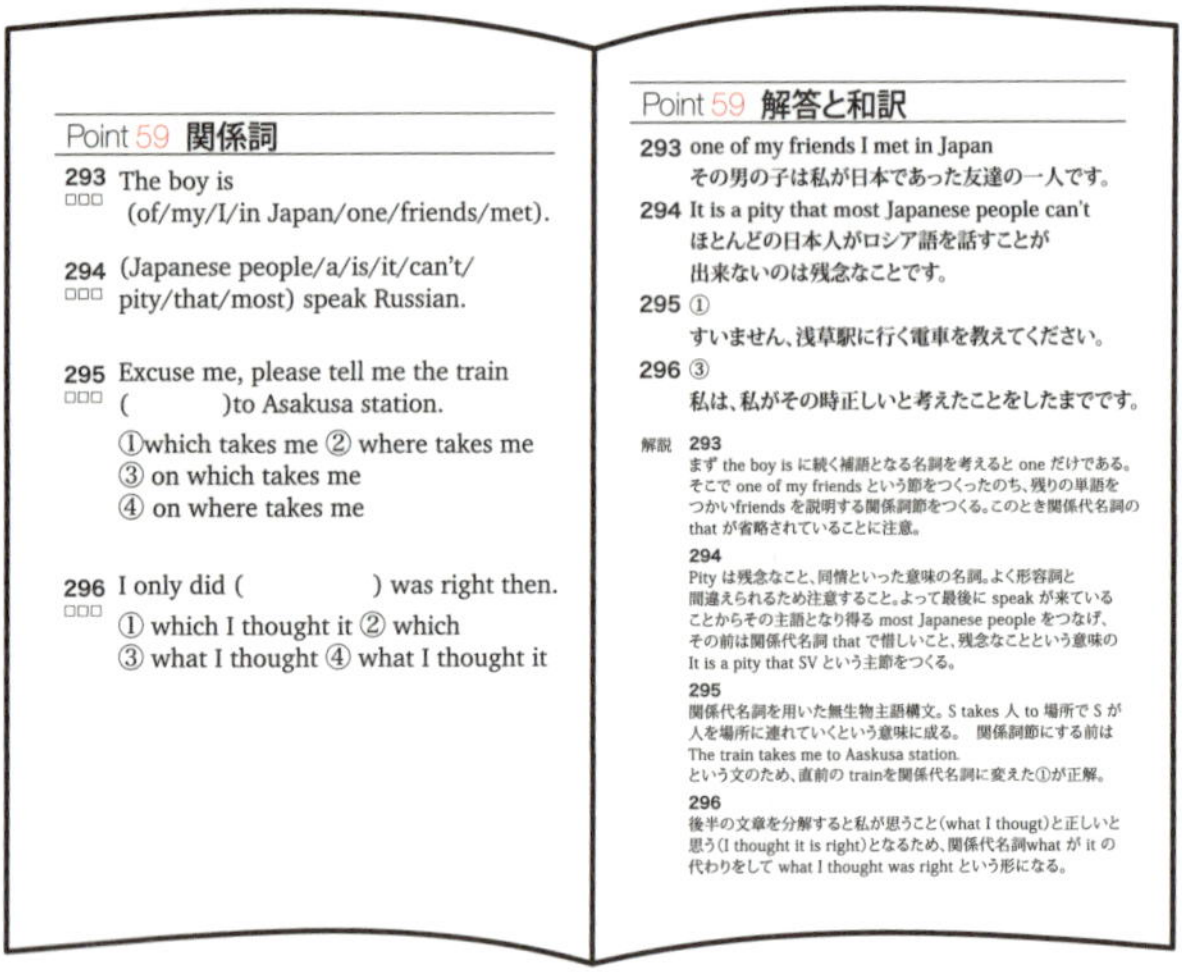

Point 59 関係詞

293 The boy is
(of/my/I/in Japan/one/friends/met).

294 (Japanese people/a/is/it/can't/
pity/that/most) speak Russian.

295 Excuse me, please tell me the train
(　　　)to Asakusa station.
①which takes me ② where takes me
③ on which takes me
④ on where takes me

296 I only did (　　　　) was right then.
① which I thought it ② which
③ what I thought ④ what I thought it

Point 59 解答と和訳

293 one of my friends I met in Japan
その男の子は私が日本であった友達の一人です。

294 It is a pity that most Japanese people can't
ほとんどの日本人がロシア語を話すことが
出来ないのは残念なことです。

295 ①
すいません、浅草駅に行く電車を教えてください。

296 ③
私は、私がその時正しいと考えたことをしたまでです。

解説 293
まず the boy is に続く補語となる名詞を考えると one だけである。
そこで one of my friends という節をつくったのち、残りの単語を
つかいfriends を説明する関係詞節をつくる。このとき関係代名詞の
that が省略されていることに注意。

294
Pity は残念なこと、同情といった意味の名詞。よく形容詞と
間違えられるため注意すること。よって最後に speak が来ている
ことからその主語となり得る most Japanese people をつなげ、
その前は関係代名詞 that で惜しいこと、残念なことという意味の
It is a pity that SV という主節をつくる。

295
関係代名詞を用いた無生物主語構文。S takes 人 to 場所で S が
人を場所に連れていくという意味に成る。　関係詞節にする前は
The train takes me to Aaskusa station.
という文のため、直前の trainを関係代名詞に変えた①が正解。

296
後半の文章を分解すると私が思うこと(what I thougt)と正しいと
思う(I thought it is right)となるため、関係代名詞what が it の
代わりをして what I thought was right という形になる。

解説を読んでも、どうしてそうなるのかわからないときは、その内容がよりわかりやすく説明されている「講義系」参考書を参照してください。

代表的なものに、第6章で紹介する『総合英語Forest 7th edition』(桐原書店)などがあります。

また、「文法系」には、問題と答えが別冊になっているものもあります。

その場合は、**最初に決めた範囲の問題をすべて解いてから別冊の答えを確認する**ようにしましょう。

いずれのタイプの参考書でも、英単語のように、単に右側の解答を覚えても、意味がありません。

なぜなら、参考書の例文と同じものは試験に出ないからです。

また、文法の解説をそのまま覚えても役に立ちません。

特に「関係詞」「助動詞」などの分野ごとにまとまっている参考書を使ってい

分野ごとに
まとまっている参考書

↓

分野ごとにまとめてやる

ランダムに
出題されている

↓

1回50問を区切ってやる

解答と解説を見ても
「なぜその答えになるのか？」
がわからないときは
「講義系」の参考書を
見ながら理解しよう。

なぜその答えになるのか、
理由を説明できるようになること！

「講義系」の参考書

る場合、生徒は無意識のうちに「今は、〝関係詞〟だな」と思いながら解いてしまいます。

しかし、試験では「これは〝関係詞〟ですよ」「次は〝助動詞〟の問題です」と教えてはくれません。

「この問題はどの分野だろう」というところから、自分で判断しなければなりません。

そして「どうしてその答えになるのか」がわからなければ、正しく答えることはできないのです。

「文法系」の暗記で大切なのは、「この問題の答えは③」ではなく、「この問題は、こういう理由で③」と、**なぜその答えになるのか、理由を説明できるようになる**ことなのです。

覚えるべき英文法はおよそ800問

「『文法系』の暗記は『単語系』のそれと違って、いきなりハードルが高くなった」と驚くことはありません。

どんな参考書でも復習を繰り返すことで暗記できるので、安心してください。

とはいえ「文法系」を使った暗記は、「単語系」のように「単純な暗記が、点数にすぐつながる」わけではありません。

しかし、英文法を例にあげれば、問題数が少ない参考書で500～600問、多いと1000問で、平均的な問いの数は800問だと言われています。

よく考えてみれば、これは**覚えるべき英単語の数の半分以下**です。

英単語の半分であれば、「これならできそうだ」と勇気が湧いてきませんか。

しかも、一度しっかり「なぜそうなるのか」を理解して覚えれば、忘れにくい上に、ほかの類題にも応用できる力が身につきます。


もちろん、800問いっぺんに暗記するのは「大変そう……」「難しい……」と思うでしょう。

でも、100問ならどうでしょう。

もっと小さく分けて、10問ならどうですか。

「それならできる」と思いませんか。

また、これは**どこかで聞いたことがある暗記法**だと思った人もいるでしょう。


そうです。

基本的なやり方は、英単語と同じです。

だからこそ、まず「単語系」の暗記を極めてほしいのです。

そうすることで、**参考書のタイプや科目が変わっても、問題なく暗記できる**ようになります。

第3章

「文法系」参考書の暗記方法

ここで簡単に「文法系」の暗記方法を説明しましょう。

①まずは100問など、ある程度の範囲の問題を解答する
②間違ったものに「／」をつけ、10個ずつ区切りをつける
③10個暗記したらテストをする
④間違えたものには「×」をつけ、正解できるまで繰り返す
*「正解はなぜこれなのか」「自分はなぜ間違えたのか」を**必ず理解して覚える**こと。
⑤50問終えたら、これまでの範囲を復習する
⑥間違えたものだけをやり直して、完璧になるまで行なう

「文法系」の暗記方法

①まずは100問など、ある程度の範囲の問題を解答する

②間違ったものに「／」をつけ、10問ずつ区切りをつける

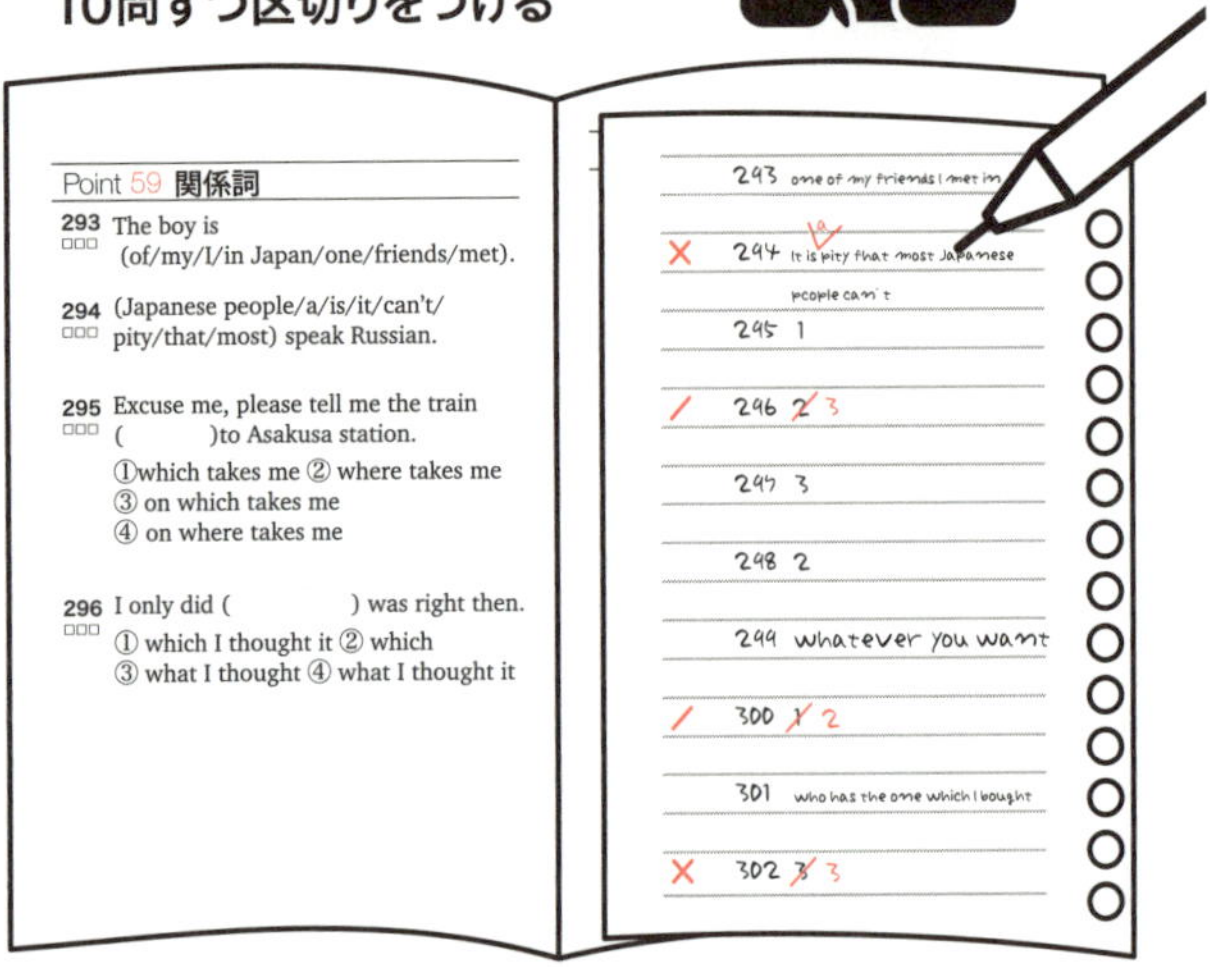

③10問暗記したらテストをする

④間違えたものには「╳」をつけ、正解できるまで繰り返す

ここで、正解はなぜこれなのか、自分はなぜ間違えたのかを、できるだけ考えて覚えるようにします。

⑤50問終えたら、これまでの範囲を復習する

⑥間違えたものだけをやり直して、完璧になるまで行なおう

「文法問題を解くための文法」と「長文を読むための文法」がある

実は文法には、「文法問題を解くための文法」と「長文を読むための文法」があります。

「文法問題を解くための文法」とは、文法の基礎知識です。

まずは、どんな文法があって、どう使うのかを知らなければなりません。

また、**試験では長文読解だけでなく、「文章中の文法事項」を問われる**こともあります。

こうした基礎知識をおろそかにせず、しっかり覚えておくことが大切です。

「長文を読むための文法」とは、身につけた「文法問題を解くための文法」の知識を土台に、長文を解釈するための文法です。

わかりやすく説明するために、テニスを例にあげましょう。

テニスを始めたばかりの人は、まずは、フォアハンド、バックハンドなど、基本的な技術から練習します。これが「文法問題を解くための文法」に当たります。

でも、そればかり練習していては、ボールを打てるようにはなるかもしれませんが、実際の試合に勝つことは難しいでしょう。

実際の試合運びを学ぶのが「長文を読むための文法」の勉強です。

試合経験を重ねることで、自分の得意技や相手のショットへの対応などがわかり、**どんな相手と対戦しても、優位に試合を運べる**ようになります。

これは古文や漢文も同様です。

●「文法系」参考書・暗記のポイント

✓「なぜその答えになるのか?」を説明できるようにする

何度も繰り返しますが、「文法系」参考書の暗記の最大のポイントは、「なぜその答えになるのか?」を説明できるようにすることです。

また、「文法系」の問題は、三択や四択など、いくつかある選択肢から正しいものを選び出す、穴埋め形式がほとんどです。そのため、一つの正解以外に、正しくないものが存在します。その不正解の選択肢も見て、「①と②と④は、こういう理由で正解ではない」と、間違っている理由も考えられるといいでしょう。

ときどき「文法系」参考書を終わらせたという生徒に、別の参考書の問題を解かせると、まったくできないことがあります。こういう生徒は、参考書の答えの順番や番号で暗記しているので、初見の問題が解けないのです。

実際の受験では、「今までにやったことがある」問題は、ほとんど出ることはありません。

いかにして「初めて見る問題を解けるようになるか」が、合格のカギとなります。

「これまでにやったことがない問題が解ける」ようになるためには、解答を覚えるのではなく、どうしてそうなるのかを覚えなければならないのです。

わからないときは「講義系」参考書で調べる

「文法系」参考書を読んでいて「参考書の説明がわからない」ことがあるでしょう。

そんなときにあわせて使ってもらいたいのが、「講義系」と呼ばれる参考書で

す。（詳しい使い方は第6章で述べます）

「文法系」参考書は、問題の解説はあっても、そもそも文法の根本的な説明はあまり詳しく載っていません。

ですから「なぜその答えになるのか？」という理由がわからないまま暗記しても、問題文が変わってしまえば解けなくなってしまいます。

そこで、「講義系」参考書の出番です。「講義系」は、わからないことが出てきたときに調べるために用いる、いわば「辞書」です。自分が間違えたところは「なぜそうなるのか」を必ず「講義系」で確認して、覚えるようにしましょう。

また、たとえば「仮定法はよくわかっていないので、いきなり問題は解けない」という場合も、最初に「講義系」の当てはまる部分を読んでから、問題集で暗記を始めるといいでしょう。

「整理」「Check」などと書かれているところも覚える

「文法系」参考書には、必ず「整理」や「Check」などと書かれた、その文法のポイントがまとめられています。

たとえば、「ほかにも同じ形を取る形容詞は以下のものです」と、書かれていたとします。

そこに書かれたほかの形容詞は、入れ替わって出題されてもおかしくないものです。

つまり、同じような問題で出題される可能性が高いのです。この部分もあわせて暗記するようにしましょう。

第4章

数学は「解ける」「わかる」「思いつく」の3ステップ

～「数学・理科系」参考書～

「数学・理科系」の暗記は、「最初の1行」で決まる

3番目は、「数学・理科系」参考書の暗記方法です。

「数学・理科系」で正しい解答へとたどり着くには、「最初の1行がとても重要」だということです。

でもそれは、最初の1行だけ暗記すればいいということではありません。正しく**解答の最初の1行を導き出すための暗記が重要**なのです。

もう少し、わかりやすく説明しましょう。

たとえば、連立方程式で解く問題があったとします。

これを「式を与えられたら解ける」のでは、まだ暗記は不十分です。問題を見ただけで、「これは連立方程式で解くんだな」という、方針がわかるようにならなければいけないのです。

数学や理科の勉強で一番苦労するのは、ここです。参考書の解答を見ると「その解答が正しいのはわかる」、それなのに、「どうしたらその解答を思いつくのかがわからない」から、問題が解けないのです。

しかし、逆に言えば、**数学や理科は、最初の1行さえ書ければ、あとは自動的に解答までたどり着く問題がほとんど**です。

この、最大の壁を越えるためにも、やはり暗記が必要です。

ただし、数学と理科も、「文法系」参考書と同じように答えを丸暗記するだけではダメなのです。

ここで「なんだか、どんどん難しくなってきた……」と尻込みしないでください。

そう考えるのは、あなただけではありません。実は、「数学・理科系」は、**暗記方法がわからずに、伸び悩む生徒が一番多い科目**なのです。

そのため、「もうダメだ！」と投げ出さないよう、できるところから段階を踏んで暗記するのがよいでしょう。

「数学・理科系」の代表的な参考書には、『数学Ⅰ・A 基礎問題精講 四訂版』（旺文社）、『1対1対応の演習 数学Ⅲ 微積分編 新訂版』（東京出版）があり、たいていは次ページのようなつくりになっています。

まずは問題だけを見て、答えをノートに書き出してみましょう。

数学・理科系の代表的な参考書

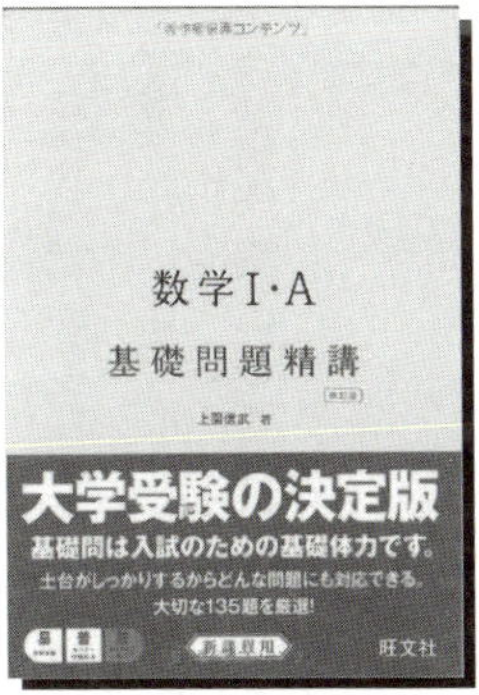

数学I・A 基礎問題精講 四訂版【旺文社】

1対1対応の演習 数学III 微積分編 新訂版【東京出版】

52 順列の数

男子5人、女子3人の計8人が1列に並ぶとき、以下の各場合の並び方の総数を求めよ。
(1) 女子3人が隣り合う場合
(2) 両端が男子の場合
(3) 両端のうち少なくとも一端に女子がくる場合

精講 (1)"隣り合う"という条件がついた場合は、まとめて1つで考えてその中身を入れかえる。
(2)場所が指定されているなど、条件がついた場合は、そこを優先して考えていく。
(3)"少なくとも"余事象を使うことに気づく。

解 答

(1)女子をまとめて1人と考えると、全体は6人で考えられる。その並べ方は6!通り。それぞれの場合に対して女子の並び方が3!通りあるから

$6!\times3!=4320$ 通り

解 答

(2)端に来る男子の入り方は、5人中2人を選べば良いので ${}_5P_2$通り。残りの6人の並び方は6!通り。よって

${}_5P_2\times6!=14400$通り

(3)事象A: 両端のうち少なくとも一端に女子がくるとすると、余事象A: 両端に男子が来るとなる。
(全ての並び方の総数)-(余事象Aの総数)
=(事象Aの総数)
が成り立つので全体の総数8!より(2)を引いて $8!-14400=40320-14400=25920$通り

ポイント I 条件のしばりが強いところを優先
II 隣り合う→まとめる
III 少なくとも→余事象

また、理科では『鎌田の理論化学の講義』（旺文社）のように、別冊に暗記事項がまとまっているものもあります。

この場合は、覚えるべき部分は「単語系」参考書の暗記方法で、**講義部分を読むのとは別作業として暗記**をしてください。

暗記は段階を踏んで完璧にする

「数学・理科系」参考書は、苦手に感じる人が多くいます。
ですから、暗記方法は3段階に分けて行なうとよいでしょう。

最初の段階では、**計算の途中式を、最初から最後まですべて書ける**ようにしましょう。

たとえ、頭のなかで導き出した答えが正解だったとしても、省略せずに必ずすべての式を書き出します。

間違えたものをやり直すときも同じです。

式を省略して、数字だけ解き直している生徒がよくいます。しかし、頭では

「わかった」と思っていても、実際にやってみると、なかなか途中式が出てこないことが多いのです。

ですから、実際に手を動かし、途中式をしっかり書き出してください。

公式さえ覚えれば、問題は解けるのです。でも、途中式を書き出す習慣がないため、本人も「どこがわからないのか」「何が不明なのか」がわからずに、行き詰まってしまいます。

まずは、途中式はすべて書き出して、覚えるようにしてみましょう。

特に難関校では解答の過程を記述させるところもあります。過程が間違っている場合は、**最後の答えが正しくても減点となる**ことがあります。その意味でも、途中式を全部正しく書けることはとても大切なのです。

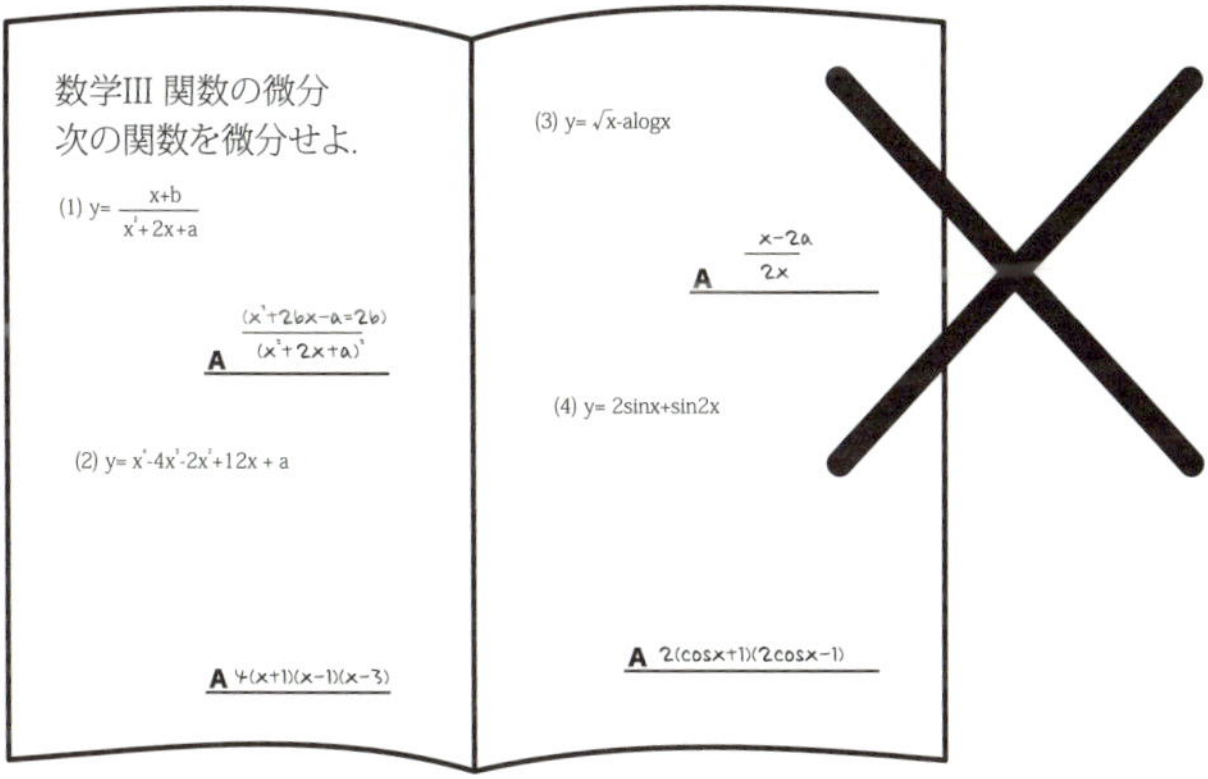

覚えるときも、間違えたあとの復習も
必ず「途中式」をしっかり書いて覚える!

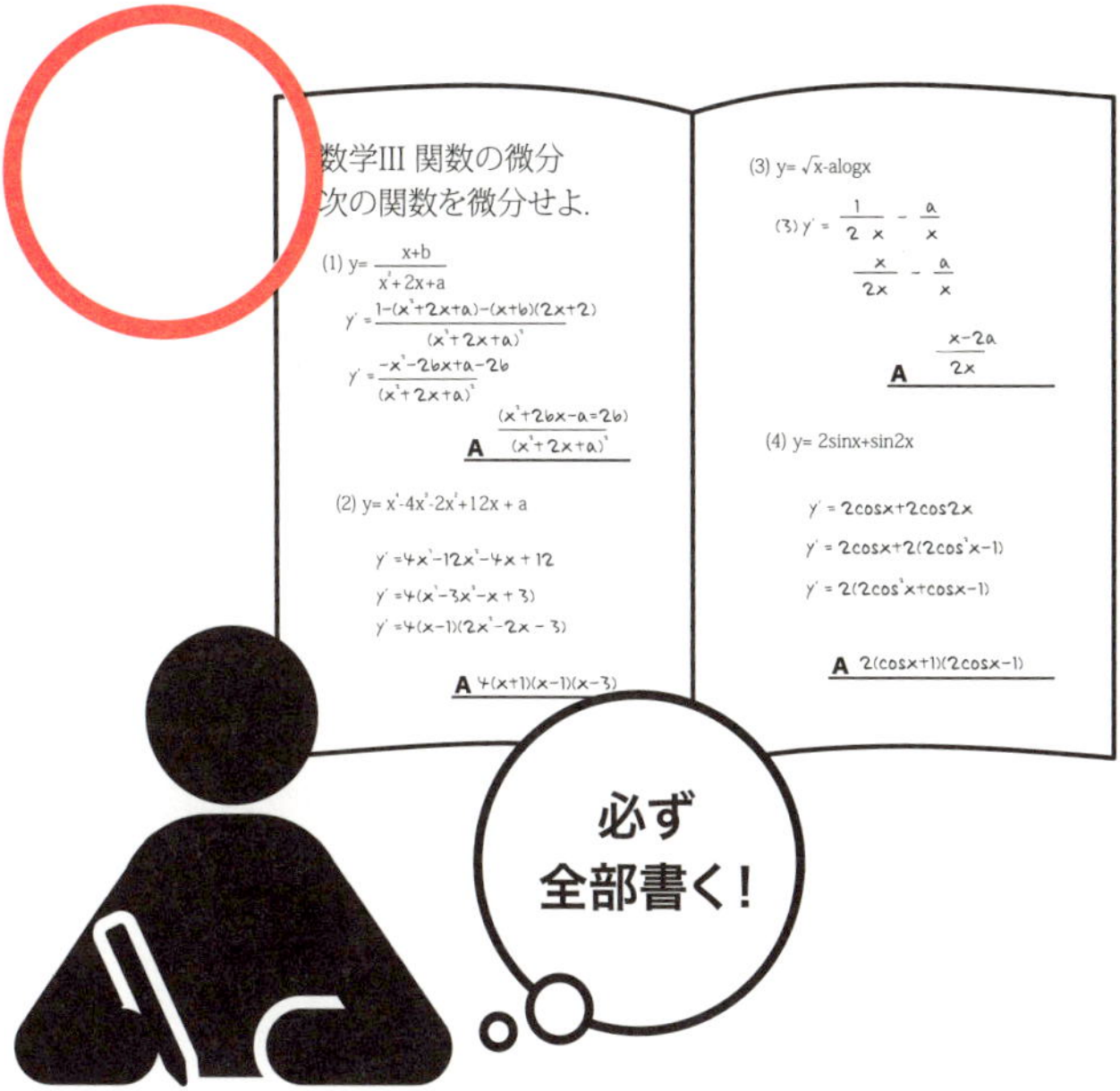

途中式をすべて書き出すようになったら、次の段階に進みます。

そこで初めて、**「どうしてその途中式になるのか」を考える**ようにするのです。

最初から、途中式を書き出しながら「なぜ、その式になるのか」を考えていると、なかなか先に進めなくなります。

まずは、徹底的に途中式を書き出して覚えるようにしてください。

問題を見て「この式で解ける!」とひらめけるか

途中式は、すべて書き出すようになった。

さらに、どうしてその途中式になるのかも、理解できるようになった。

ここで犯しやすい間違いが、「なぜこの式なのか」を完全に理解していないのに、なんとなくわかった気になって次に進んでしまうことです。

これでは、いつまでたっても成績が伸びません。

「なぜこの式を使うのか」が考えてもわからないときは、**「講義系」参考書を読む、わからないところを先生や友達に質問する**などして、必ず納得いくまでやってから、次に進んでください。

どの段階でも「なぜこの式を使うのか」を考えるようになると、**問題文を読んで「この問題にはどの式を使うか」が、少しずつ思いつく**ようになってきます。

そうなってやっと、最終目標である「最初の1行を正しく導き出す」ことができるようになるのです。

この覚え方は、数学（ⅠA、ⅡB、Ⅲ）はもちろん、物理、化学、生物、地学などにも応用することができます。

生物や無機化学、有機化学については「単語系」参考書と同じ暗記方法で覚えられるものもありますので、活用してください。

あれ? わからない? って思ったら

「講義系」参考書を見たり、先生や友達に聞いて
「納得」いくまでやってから、先に進もう!

やり直し、繰り返すことで
解答へのコツが
つかめてきます。

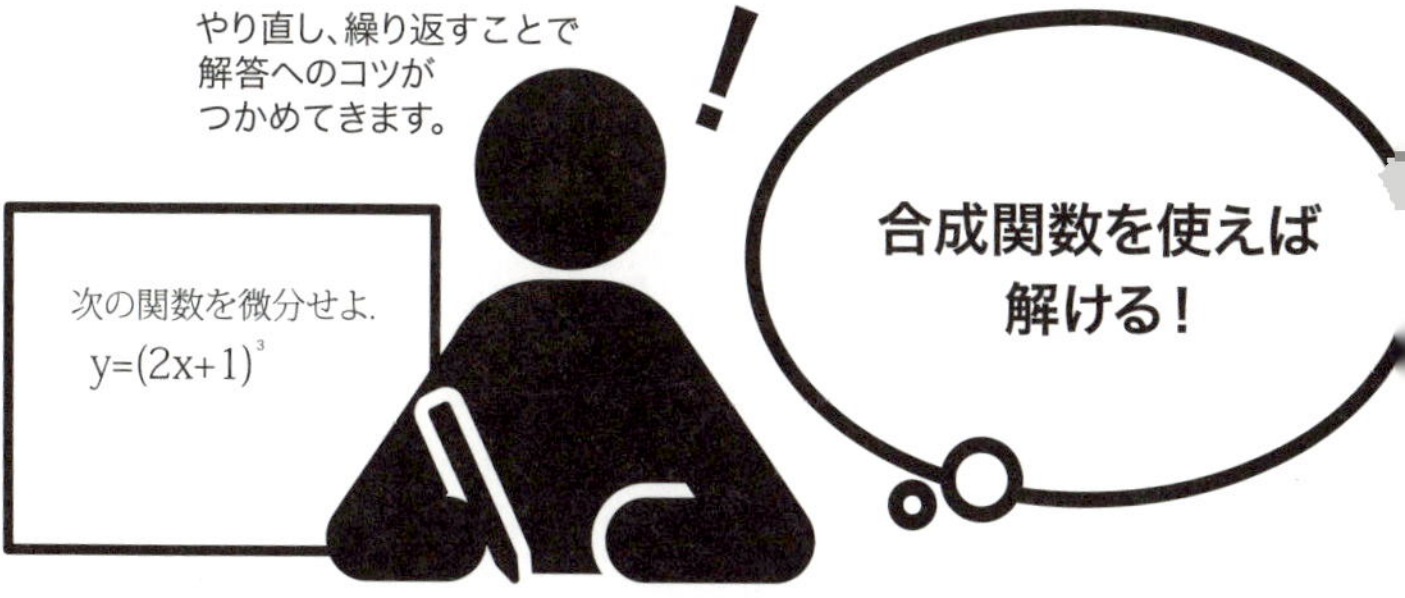

「数学・理科系」参考書の暗記方法

「単語系」や「文法系」の参考書は、10問ずつ暗記したあと、50問で復習というように、ある程度まとめて覚えることができます。

ところが、**「数学・理科系」は、1日に解ける問題数が平均して10問程度**と、一つひとつの問題に時間がかかります。

そのため、まず、自分は1問解くのにどのくらい時間がかかるのかを把握し、決まった勉強時間に何問解けるのかを考えて、スケジュールを立てましょう。

ここでは仮に、1日10問解くものとして、暗記法を説明します。

① 1～10問まですべての問題を解いてみる

②わからなかったものを抜き出し、わかるまでやり直す

「数学・理科系」の暗記は、他教科の暗記よりもいっそう丁寧に行ないます。
たとえば、10問中、8問がわからなかったとしましょう。
その場合、まず8問を1問ずつ解けるようにしていきます。
そして8問が終わったら、10問全部の総復習をしてください。

暗記をするときに心がけてほしいのは、**まず公式を使えるようになること、次に、途中式まで完全に再現できるようになること、それと同時に、どうしてその式になるのかを理解すること**、以上3つのことを徹底することです。

10問中8問が解けなかったら

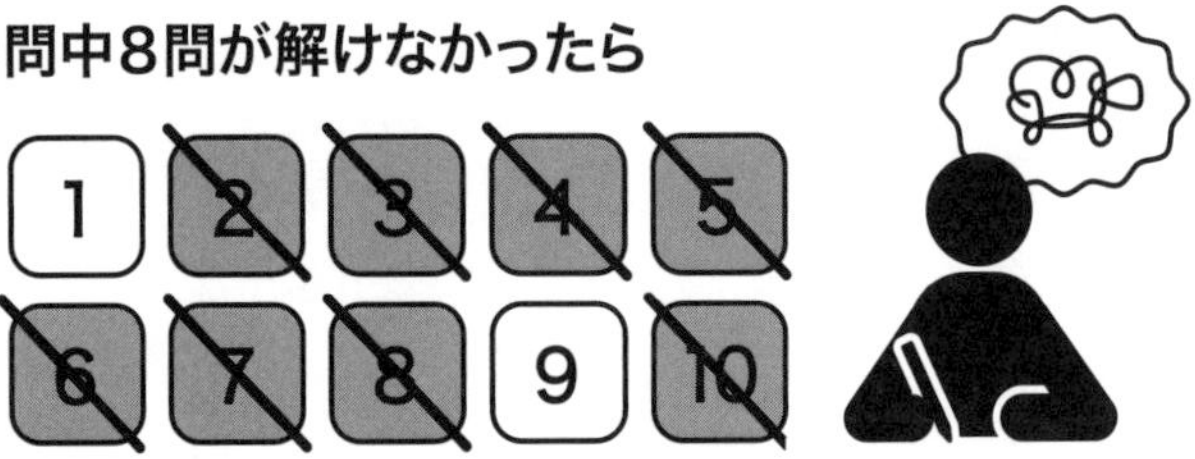

8問を1問ずつやり直す

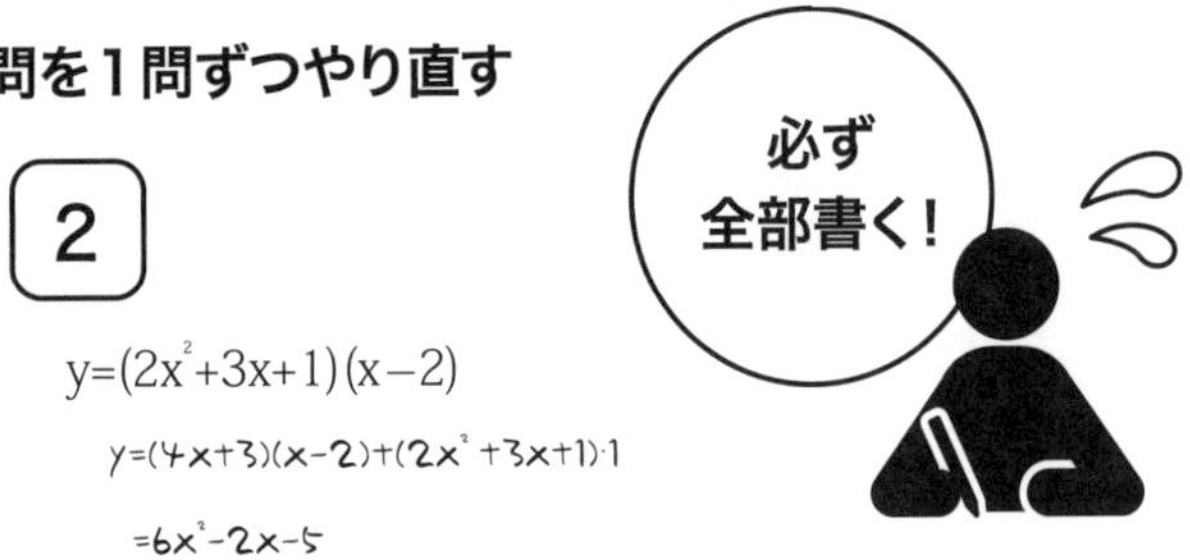

8問が終わったら10問全部の総復習をする

●「数学・理科系」参考書・暗記のポイント

数学はまず「解ける」、次に「わかる」、そして「思いつく」

数学は「なぜそうなるのか」がわからなくても、公式を覚えればある程度解ける科目です。

「わからない＝解けない」ではないのです。

たとえば「2×3＝6」はすぐに解けますが、「なぜそうなるのか」と聞かれて、答えられる人は多くないでしょう。

問題が解けるからこそ、「どうして解答できるのに、成績が伸びないのだろう」と行き詰まりやすいのです。そして、なぜそうなるのか、どこがわからないのかが明確でないと、投げ出したくなってしまいます。

第4章

そこで大切なのが段階を踏むことです。

公式を覚え、問題が解けるのであれば、まずは途中式をすべて書き出すようにする。

つまり、参考書に載っている解答を完全に再現できるようにするのです。

次に、なぜそうなるのかを考え、理解してから暗記する。

そして最終的には、問題を見てどういう方針で解くのか、自分で思いつけるようになることが、「数学・理科系」の暗記のゴールなのです。

1日の終わりには「自分一人で解けるように」なろう

「数学・理科系」の暗記は、3つのステップを踏みます。

そうは言っても「じゃあまず、1週間は、最初の段階を徹底的にやろう」というように、1段階ずつ時間をかけるのではありません。

「数学・理科系」の暗記のポイントは、1日に決めた範囲を解き、わからなかった問題を復習する間に、3つのステップを実行することなのです。

そうしなければ、1段階までしか覚えていなかった範囲は暗記が完璧ではないため、定着が不十分になり、できるようにはなりません。

だからこそ、「数学・理科系」は、暗記に時間がかかる科目なのです。


その日に決めた範囲の問題を解くときは、まずは、すべての途中式を徹底的に書き出します。

そして、見直すときに、間違ったもの、正解したものも含めて、なぜ、その途中式になるのかを考えるのです。

さらに、間違えた問題をやり直すときに、「こういう理由でこの公式を使う」としっかり理解してから、再度解いていきましょう。

第5章

「読むため」ではなく「解くため」に覚えよう

～「文章読解系」参考書～

わからない友達に説明できるように覚える

4番目は、「文章読解系」参考書の暗記のやり方です。

「文章読解系」の代表的な参考書には、『英語長文ハイパートレーニング レベル2 センターレベル編 CD付新装版』（桐原書店）や、『入試現代文へのアクセス基本編』（河合出版）などがあります。

そして、多くの参考書は次ページのようなつくりになっています。

「文章読解系」参考書では、まず**何が問われているのか**、設問を先に読みます。

それから本文を読んで、答案をノートに書きましょう。

文章読解系の代表的な参考書

英語長文
ハイパートレーニング レベル2
センターレベル編 CD付新装版
【桐原書店】

入試現代文へのアクセス
基本編
【河合出版】

What is going on, Jim? You look pale.
S V S V C
ジム、どうしたの？ 顔色悪いよ。

I am worried about what the weather will be like.
S V S V
私は天気がどうなるか心配です。

She is my sister sitting on that blue bench.
S V C
青いベンチに座っているのが私の妹です。

I often run along the river listening to music.
S V
私はよく音楽を聴きながら川沿いを走っている。

Many people absorb in the game too much,
S V
so it might cause some troubles.
S V O
多くの人々がそのゲームに熱中しすぎているので、
それが原因でトラブルが起こるかもしれない。

I never change my mind even if there is no one
S V O S V C
who takes sides with me.
V O
たとえだれも味方してくれなくても、
私は決して自分の意思を曲げない。

People who are very overweight may have
S V C V
various health problem.
O
かなり体重が重い人は様々な健康上の問題を
抱えているかもしれない。

Some people will spend money to save time,
S V O
others will spend their time to save
S V O
money.
時間節約のためにお金を使う人々もいて、
お金の節約に時間を費やす人々もいる。

語句

- □pale 顔色が悪い
- □along ～に沿って
- □absorb in 吸収する、のめりこむ
- □take sides with ～の味方をする
- □overweight 太りすぎの

すべての設問に答えたら、解答・解説を読んで答え合わせをします。

このとき、**なぜその解答になるのか、不正解の解答はどうしてそうなるのか、解答を導き出すプロセスを覚える**ようにしましょう。

「文章読解系」の暗記の基本は、「文法系」と同じように、「なぜそうなるのか」をきちんと説明できるように覚えることです。

しかし、こう言うと、参考書の「解説」を丸暗記する生徒がいます。

そういう生徒に「じゃあ、その根拠は本文のどこにあるの？」と聞いても、本文を理解していないため、答えることができません。

「わかる」ようになるために「解説」を読むことは大切です。

しかし、「解説」を読むことが目的になってはいけません。

「文章読解系」は、「解説」を読んで理解し、「本文のここに該当箇所があるから、こういう理由で答えはこうなる」ということを言えなければならないのです。

「文章読解系」の暗記の特徴を別の表現で言うと、「理解していない友達にわかるように説明できる」ということです。

英語や国語が苦手な友達があなたに、「解説を読んでもわからない、これはどういうことだろう？」と聞いてきたとしましょう。

解説を読んでもわからないのですから、解説を暗記してそのまま伝えても理解してもらえません。

本文の該当箇所を示し、「なぜそうなるのか」を、あなたの言葉で説明しなければならないのです。

また、あなたの言葉で説明するということは、**正解とその理由がわかるだけでなく、ほかの不正解の選択肢が「なぜ間違っているのか」も説明できる**ようにするということなのです。

これまでの読書量は関係ない

「文章を読んで理解できるようになる手段は、読書しかない」と考える生徒がたくさんいます。そして「これまであまり読書をしてきていないのですが、受験は大丈夫でしょうか？」と心配します。

実は、読書の量は「文章読解系」参考書の暗記能力には、あまり関係ありません。

もちろん、本を読むことは、知っている文章の量を増やしたり、読むスピードを上げたり、本文を理解するためには役に立つでしょう。

でも、**受験で必要なのは、本を「読むこと」ではなく、問題を「解くこと」**です。

日本人なら誰でも読めるはずの国語で、問題が解けない人が多いことからも、「読書＝試験の得点を上げる」ことには、直接結びつかないことがわかるでしょう。

英語や古文も、よい点数を取るために、必ずしも「読める」ことは必須ではないと言えます。

実は「文章読解系」では、**本文をすべて理解するといった読解力はそこまで求められていない**のです。

それよりも、出題される問題はどうしたら解けるのか、といった点をつかむことがポイントだと言えるでしょう。

「文章読解系」参考書の暗記方法

「文章読解系」参考書も問題を解くのに時間がかかるため、平均的に1日1題行ないます。

①問題で何を問われているのかをしっかり把握する
②その問題の解答の根拠が、本文中のどこにあるのか、どうしてそうなるのかを理解し、自分の言葉で説明できるように記憶する

ほとんどの参考書には、**1題を解くための制限時間**が設けられています。
たいていは20～30分となっているので、この時間内に1題を解き、復習にかけ

る時間は60〜90分くらいを目安と考えてください。

「文章読解系」は、余裕があるときに1日で数題まとめて覚えるよりも、毎日1題ずつこなしていくようにしてください。なぜなら、**継続して毎日触れることによって、少しずつ読解力・解答力がついてくる**からです。

また、「文章読解系」参考書は、平均して12問前後と、問いの数が少ないため、何度もやり直すと解答を覚えてしまい、読まなくても解けるようになってしまいます。

そのため、復習の際には解答が合っているかどうかを確認するだけでなく、解答の根拠もはっきりさせ、それを説明できるようになっているかどうかを確認しましょう。

「文章読解系」の暗記方法

①まずは、問題で何を聞かれているのかを
しっかり把握する

②そして、その問題の答えが、本文中の
どこにあるか、その理由は何かを
考えることが暗記になる

毎日、1題ずつ
暗記するようにする

**継続して毎日触れることによって、
少しずつ実力が上がる！**

答え合わせだけでなく、解答の根拠をはっきりさせ、
説明できるようになっているか確認しよう

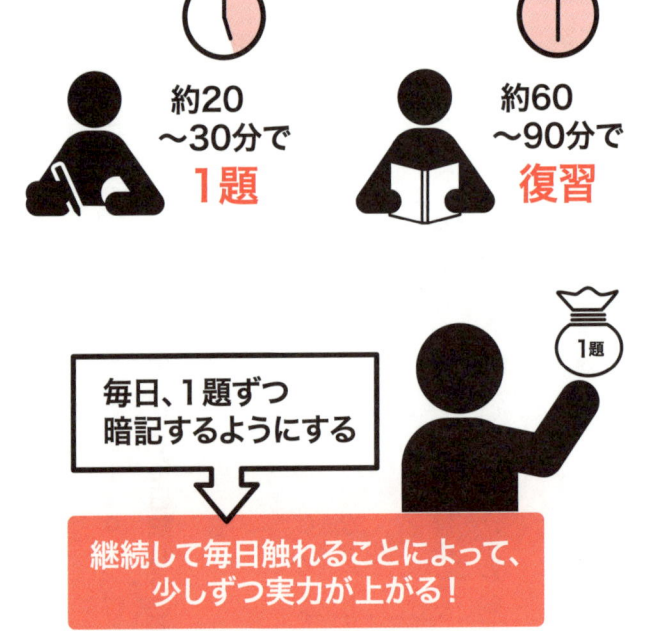

「文章読解系」参考書・暗記のポイント

設問で何が問われているのかを意識する

「文章読解系」を攻略する最大のポイントは、常に「長文に対して、どういう問題が出されているか」を把握することです。

内容が一致しているかを問われていたり、「〇か×か」で答えたりするのであれば、文章の細かい点から、さらには文章全体の内容を把握するようにします。

要約問題であれば、パラグラフ（段落）ごとに意味をつかみながら読み進んでいきます。

ただし、気をつけなければならない点が一つだけあります。

「以下の内容から一致するものを選べ」という設問のときは、選択肢を見ないで読み進めるか、もしくは、見たとしても「間違っている可能性がある」ことを念頭に置いておきます。なぜなら、間違った選択肢が頭にインプットされてしまうと、正解を見極めにくくなってしまうからです。

選択肢を読む場合は、人の名前などの「固有名詞」に注意しておき、本文でその単語が出てきた場合にはチェックするようにしましょう。

「文章読解系」は「単語系」や「文法系」の基礎ができるようになってから

英語や国語の文章を読めない、読んでも理解できない。

そんなときは、実は、単語や文法などの、読むために必要な基礎知識が欠けていることがよくあります。

「自分はなぜ、この文が読めないのか」を考え、理由が知識の不足であれば、「文章読解系」に手をつける前に「単語系」「文法系」の暗記を行ないましょう。

逆に言うと、「単語系」「文法系」の参考書で基礎がしっかり固まっていないうちは、「文章読解系」参考書に手を出さないほうがよいでしょう。

多くの予備校では、単語や文法の授業と並行して長文読解の授業が行なわれています。

しかし、このやり方では、長文読解はできるようになりません。

なぜなら、たとえば英語なら、長文読解で必要不可欠な、単語や文法といった知識が揃っていない状態で英語長文を読まなければならないからです。

すべては無理だとしても、まずは「単語系」「文法系」の参考書の最低限の基礎はできるようになっておきましょう。

英語と古文では構成が違う

英語の長文に必要な基礎知識は、「単語」と「文法」。

英単語と英文法をしっかりマスターしていれば、ある程度は読みこなすことができます。

しかし、ここで注意したいのが、古文は同じではないということです。

確かに、単語と文法を身につけなければならないのは、古文も同じです。

でも実は、単語と文法の知識だけでは、古文の文章を読み解くのは難しいのです。

なぜなら、古文の構成は英語と違い、誰が（主語）、何を（目的語）、誰に（補語）や、すでに述べたことが「省略」され、書かれていないことが多いからです。

文中の「敬語」などから、主語を推測することが必要になるのが古文です。

ですから、単語と文法を覚えた上で、こういったポイントを押さえて問題に取り組まなければならないのです。

長文読解はあなたの感想を聞いているのではない

小説問題が出題されるとき、「自分はこう思う」という解答を選ぶ生徒が少なくありません。ですが、小説の長文読解とは、あくまでその文章のなかで、どう書かれているかを問うものであり、個人の意見や感想を聞いているわけではないのです。

「小論文」ではないのだから、あなたがどう思うかは関係ない上、もちろん得点にも結びつきません。

小説は、「その人の気持ちが、本文にどう書いてあったか」を意識して読みましょう。

解答の根拠は、必ず本文のどこかに書いてあります。

感情移入せずに、読み解いてください。

入試現代文というルールを把握して、聞かれたことに答えることが得点につながるのです。

第6章

辞書代わりに使って理解を深める

～「講義系」参考書～

「講義系」参考書は、ほかの参考書の暗記に役立てる

さあ、いよいよ最後が「講義系」参考書です。

代表的なものには、『総合英語 Forest 7th edition』(桐原書店)や『初めから始める数学Ⅰ 改訂2』(マセマ出版社)があり、おおよそ、次ページのようなつくりになっています。

「講義系」参考書は、**まったく参照しない生徒と、丸暗記しようとする生徒**、2つのタイプに分かれます。

「武田塾式暗記術」では、どちらのやり方も間違っています。

「講義系」は、問題集を暗記するために、わからないところがあったら見て確認

講義系の代表的な参考書

総合英語 Forest(フォレスト)
7th edition
【桐原書店】

初めから始める数学Ⅰ　改訂2
【マセマ出版社】

2 wish【if を使わない仮定法】

例文 159
① I wish there were no overtime works today.
② I wish I hadn't confessed my love to her,
I can't look her in the face.
(和訳)
①今日残業がなかったらいいのになあ。
②彼女に告白しなければよかったのになあ。
彼女の顔をまともに見ることができない。

□wish～「～だったらいいのになあ」(if を使わない仮定表現)
wish が導く節は実現不可能な内容の願望を表す節。
現在の事実と異なる内容のときは仮定法過去を、
過去の事実と異なる内容のときは仮定法完了を
wish の導く節に使用する。
【仮定法過去】(例文 159①) 残業がないという
現在の事実とは異なる内容のため、were という
動詞の過去形を使用する。
【仮定法過去完了】(例文 159②) 告白しないという
過去の事実とは異なる内容のため、
hadn't confessed という動詞の過去完了形を使用する。

【まとめ】
・wish を用いるとき
必ず後ろの節は【仮定法】を使用する。
・現在の事実と異なる内容：仮定法過去
・過去の事実と異なる内容：仮定法過去完了

なお be 動詞は主語の人称にかかわらず were を使用するのが原則だが、口語表現では was も使用されている。

3 関係代名詞【主格】

例文 160
① Her brother is a doctor who works for
the poor.
②This country is famous for its traditional
dishes which are unusual but delicious.
(和訳)
①彼女の兄は、貧しい人々のために働く
医者である。
②この国は、珍しいがおいしい伝統料理で有名だ。

□関係代名詞
ここで使われる which、who は関係代名詞と呼ばれ、
直前の名詞の補足説明として用いられる。
who を用いるのは、人に関して説明するときである。
また、which は場所や物など人以外を説明するときに
使われる。
また、関係詞節中の動詞に対して、関係代名詞自体が
主語として働くとき、主格の関係代名詞が使われる。
その時に後ろに来る動詞は、補足説明している対象に
合わせて変形させる。

～上記の例文の場合～
①のとき：who 以下は a doctor について説明している。
a doctor は三人称だから、つける動詞も三人称の
ときと同じように変形するので works になる。

するといったように、辞書代わりに使います。

「講義系」は、語りかけるように書かれています。

とても読みやすいのが特徴ですが、一つの科目の内容をほぼすべて網羅していますから、実は問題集よりも詳しく、レベルが高いのです。

「講義系」ばかりを読んでいても、問題は解けるようにはなりません。

「講義系」はあくまでも副読本。わからない箇所を抜粋して読みましょう。

つまり、**「講義系」参考書を暗記する必要はない**のです。

「講義系」参考書の活用方法

「講義系」参考書は、覚えるためのものではありません。
しかし、**知識が重要視される科目では必要**になります。

英単語や古文単語、漢字などの「単語系」では使いませんが、社会の「単語系」ではよく使います。

そして「文章読解系」以外の、「文法系」「数学・理科系」の問題を解くときは、「講義系」を参照しながら勉強します。

「講義系」を使わない、またはうまく活用できずに勉強をしている生徒は、暗記がスムーズにできない可能性が高くなります。

この章の最初に述べた通り、「講義系」の使い方を間違っている生徒には、大きく2つのタイプがいます。

まず、「講義系」をまったく見ない生徒です。

「とにかく問題を解いて覚えなければ……」と、ひたすら問題集を暗記することばかりに意識が向いてしまうと、「講義系」をあまり読まなくなります。

こういう生徒は、**わからないところをじっくり理解しないまま次に進もうとするので、どうしてもツメが甘くなりがち**です。

「単語系」の暗記法で説明したように、どれくらい覚えているかテストをするときに「絶対に100点を取る」つもりでやれば、おのずと足りないところが見えてきます。そのときに「講義系」を確認するようにしましょう。

次に、「講義系」を暗記しようとする人は、効率のよい暗記法が身についていないと言えます。

参考書の内容をせっせとノートに書き写したり、ノートの書き方を工夫するばかりで、肝心の内容の暗記にあまり時間を使っていないタイプです。

また、**「講義系」の内容の一部には、大学受験レベルを超えているなど、とても難しい内容が含まれている**場合があります。こういった部分まで全部暗記しようとするのは時間のムダです。

まずは、単語や最低限の用語をしっかりと暗記することから始めましょう。ある程度のレベルの問題を解くようになったら、「講義系」を手元に置き、わからないところを随時確認するようにしてください。

「講義系」参考書はあくまで確認のため、そして問題集の暗記の補助として使うものです。この点に注意して有効活用してください。

「講義系」参考書をまったく見ない

暗記しようとする

第7章

「武田塾式暗記術」で、これだけの期間でここまで伸びる！

正しい暗記術で、偏差値をぐんとアップしよう

武田塾には、難関大学を目指しながらも「成績が上がらない」「模試の結果が悪くて合格は不可能だと言われた」といった生徒がたくさん駆け込んできます。あと1年、ときには数カ月しか残されていないのに、「偏差値が30台……」「E判定だったけど、どうにかならないか」と、切羽詰まっていることも少なくありません。

しかし、これまでお話しした通り、こうした生徒は、決して「デキが悪い」わけではありません。

ただ、**単に、暗記法を知らない**だけ。

正しい暗記法を身につければ、**1年間で合計の偏差値を30〜50も上げて、逆転合格を狙うことも決して難しくない**のです。

第1章であげた例以外にも、

- E判定から10カ月で防衛医大、東京慈恵会医科大学に合格
- 偏差値40台で11月に入塾、わずか数カ月で早稲田大学に合格
- E判定からセンター試験得点率90%、富山大学医学部に合格
- E判定、5月入塾から早慶法学部に現役ダブル合格
- 野球部引退後、E判定からわずか5カ月で慶應義塾大学文学部に現役合格

など、武田塾の暗記法を身につけて、逆転合格した生徒は数多くいます。

「武田塾式暗記術」で逆転合格を勝ち取ろう

一般的な予備校では、目指す大学のレベルに合わせて、コースを「日東駒専」「MARCH」「早慶・難関大学」などと分けています。

次のグラフは、**そのコースで1年間しっかり勉強した場合に見込める、偏差値の伸び率**です。

どのコースに入ったとしても、一般的な予備校が目指すのは、1年かけて偏差値を5〜10上げること。

そのため、あなたが早稲田大学に入りたいと考えるのであれば、受験の1年前の4月には偏差値が60なければなりません。

「武田塾式暗記術」で、これだけの期間でここまで伸びる！

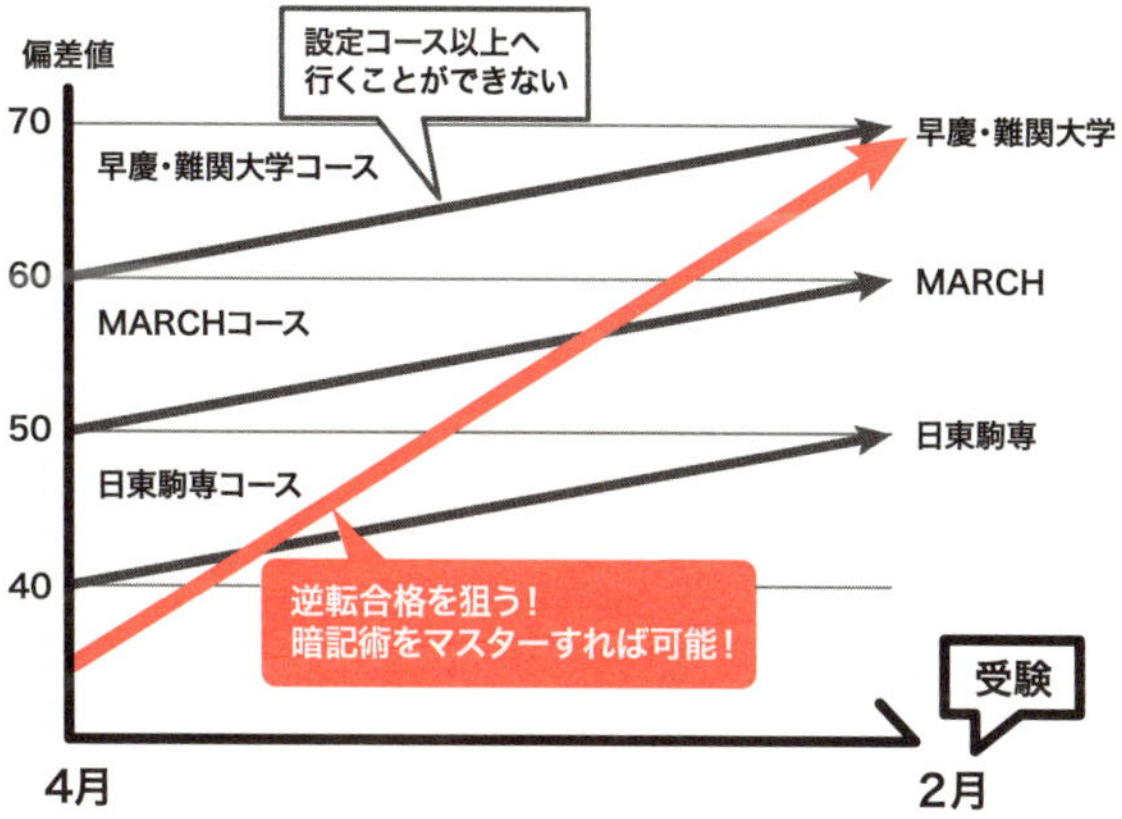

たとえば偏差値が40なのに、無理して「早慶・難関大学」コースに入ったとしても**授業はチンプンカンプンで、ついていくことさえ難しい**でしょう。

また、自分のレベルに合わせて「日東駒専」コースに入ったのでは、1年後に早稲田大学に合格できません。

もともと偏差値がある程度高い生徒は、こうした予備校のシステムでも合格を目指すことができるかもしれません。

しかし、これまで正しい暗記法を知らずに成績が伸び悩んでいる生徒は、1年間ではとても志望校の合格には間に合いません。

ところが武田塾では、スタートの段階の偏差値がいくつでも、「志望校に合格するレベル」から逆算した独自のカリキュラムを用意して、逆転合格を狙います。

それは果たして可能なのでしょうか。

1週間で、**学校で出される量の何倍もの英単語を暗記できる「武田塾式暗記術」を試したあなたには、決して無理ではないということがわかるはず**です。

あとがき

●「わかる」「やってみる」「できる」でライバルを追い抜け

大学受験の勝負は、「暗記したかどうか」で決まります。

有名講師の授業を受けた、ライバルより長い時間勉強した、また、最新のシステムで授業を受けたなどは、成績にはまったく関係ありません。

誰でも高校での授業だけで、**1年1000時間以上、3年間で3000時間以上**、予備校や自習を含めれば、もっともっと多くの時間を勉強に費やしています。

それなのに、志望校に合格できない、目的が達成できないとなれば、勉強してきた時間が非常にもったいない。

また、何時間もかけて、どんなに難しい参考書の問題を解いても、どのくらい成績や偏差値が上がるかわからないのがこれまでの勉強法でした。

しかし、勉強とは「暗記」です。

ですから、とにかく「覚える」ことです。

暗記さえできてしまえば、あとはゴールを決めて必要なことを覚えるだけで、目的を達成することが可能になります。


「武田塾式暗記術」を身につけ、**偏差値37だったのに、半年で早稲田大学に合格した生徒**がいます。

偏差値37ということは、70万人いる受験生のなかでも最下位の1万人に入るレベルです。それが早稲田大学に受かるのであれば、トップの2万人に入ります。

たったの半年で67万人の受験生を追い抜かしてしまったということです。

先輩が一人も早稲田に受かったことがない、非進学校の生徒ですから驚きです。

授業を受けて「わかって」から、覚えているか確認するために自力で「やってみる」、そしてどんな問題でも「できる」ようになる。この**3段階を踏むことで、あなたは最速のペースで、ほかの受験生がかなわないくらい、必要なことをしっかりと身につける**ことができます。

そして確実に、インプットとアウトプットができるようになるのです。

でも、最後にお伝えしたいことがあります。

本書を読んで「うん、よくわかった!」「素晴らしい方法だ」と思っても、実際に行動に移し、暗記しなければ成績は上がりません。

必ず実践して、「合格」というゴールを手に入れ、理想の自分を実現していきましょう。

〈著者プロフィール〉
林 尚弘（はやし・なおひろ）
武田塾塾長。株式会社A.ver代表取締役社長。
1984年、千葉県出身。地元の進学校に進み、1年生から予備校に通うも、受験に失敗。一浪後、学習院大学法学部政治学科に合格。自身の受験体験から大学1年で起業、1年後に武田塾を設立。「授業をしない」「参考書での自学自習」「1冊を完璧に」の方針で、E判定から早稲田、慶應、国立大学医学部などへの逆転合格者を続出させ、話題となる。武田塾の理念に共鳴する教育者が集まり、医学部受験専門の武田塾MEDICAL、小中学生向けの魁！武田塾を合わせて、2016年9月現在、全国に100校を展開。主な著書に『予備校に行っている人は読まないでください』（ミヤオビパブリッシング）、『参考書が最強！』『医学部受験の真実』（幻冬舎）、『残り3ヶ月からでも難関大学の逆転合格を可能にする驚異のショートカット勉強法』（KADOKAWA）などがある。
武田塾HP http://www.takeda.tv/
武田塾MEDICAL HP http://takeda-medical.jp/

受験合格は暗記が10割
2016年10月25日 第1刷発行

著 者 林 尚弘
発行人 見城 徹
編集人 福島広司

GENTOSHA

発行所 株式会社 幻冬舎
〒151-0051 東京都渋谷区千駄ヶ谷4-9-7
電話 03(5411)6211(編集)
03(5411)6222(営業)
振替 00120-8-767643
印刷・製本所 株式会社 光邦

検印廃止

ISBN978-4-344-03022-0 C0095
幻冬舎ホームページアドレス http://www.gentosha.co.jp/

この本に関するご意見・ご感想をメールでお寄せいただく場合は、
comment@gentosha.co.jpまで。